书道

骨干编辑谈做书

主　编－张艺兵

副主编－郭玉婷　唐　勇

SHU DAO

GUGAN BIANJI TAN ZUO SHU

GEP 广西教育出版社·南宁

图书在版编目（CIP）数据

书道．骨干编辑谈做书 / 张艺兵主编；郭玉婷，唐勇副主编．-- 南宁：广西教育出版社，2022.12
ISBN 978-7-5435-9230-8

Ⅰ．①书… Ⅱ．①张… ②郭… ③唐… Ⅲ．①图书－编辑工作－研究 Ⅳ．① G23

中国版本图书馆 CIP 数据核字 (2022) 第 208103 号

项目策划：张艺兵
项目统筹：吴春霞　张星华
责任编辑：黄　璐　罗　婕
特约编辑：林春燕
责任校对：谢桂清　何　云
封面设计：刘瑞锋 [广大迅风艺术]
版式设计：李浩丽
责任技编：蒋　媛

出 版 人：石立民
出版发行：广西教育出版社
地　　址：广西南宁市鲤湾路 8 号　邮政编码：530022
电　　话：0771-5865797
本社网址：http://www.gxeph.com
电子信箱：gxeph@vip.163.com
印　　刷：广西壮族自治区地质印刷厂
开　　本：787mm × 1092mm　1/16
印　　张：17
字　　数：230 千字
版　　次：2022 年 12 月第 1 版
印　　次：2022 年 12 月第 1 次印刷
书　　号：ISBN 978-7-5435-9230-8
定　　价：56.00 元

序

聂震宁

广西出版传媒集团2020年、2021年连续两年举办“社长总编辑谈做书”和“骨干编辑谈做书”沙龙活动，其中“社长总编辑谈做书”沙龙举办了15期，“骨干编辑谈做书”沙龙举办了18期。沙龙活动一经举办，反响良好，参会的编辑们特别是年轻编辑们纷纷表示，在近两个小时的沙龙活动中，一批爱做书、会做书的资深编辑和骨干编辑分享了一个又一个精彩的书刊编辑故事，大家从这些真诚而激情的讲述中获得很多宝贵经验，得到许多启迪，尤其重要的是增强了职业使命感和责任感，提振了实现出版高质量发展的信心和决心。广西出版传媒集团这项活动引起了行业主流媒体的关注，《中国新闻出版广电报》在头版头条做了报道，并刊发社评，给予了高度评价，认为这是造就一支能力突出、业绩突出，有专业能力、专业素养、专业精神的优秀人才队伍，为实现出版高质量发展提供人才保障的一项创新举措和具体行动。

出于疫情防控的需要，沙龙活动现场一直严格控制人数（50—80人），不仅广西出版传媒集团之外的出版单位的许多编辑无法参与，就连集团内部不少编辑也无法到活动现场听讲和交流，这成为大家的一件憾事。为了弥补这个遗憾，广西出版传媒集团张艺兵总编辑策划将沙龙活动嘉宾的分享内容整理成文结集出版，使之成为编辑们业务学习交流的一份鲜活生动的资料。在图书付印前，艺兵总编辑请我写一篇序言，我欣然应允。一是因为我曾经是广西出版业的一员，有责任有义务为家乡的出版事业发展和人才培养出力；二是因为广西出版传媒集团通过举办这样的业务交流活动，将从业人员的目光聚焦到怎么做好书上，创新了人才培养培训方式，为出版行业练好内功、夯实基础、多出精品做了有益的探索；三是因为把这些生动鲜活的内容整理成文并结集出版，读者们可以在阅读众多好书的同时还能具体了解一众优秀编辑在做书过程中的匠心和创意，有利于引起他们更加强烈的阅读兴趣，有利于培育图书市场。

我认为，广西出版传媒集团举办的“谈做书”沙龙活动的经验值得总结和推广。

这项活动凸显了编辑人才培养的重要性。出版单位最核心的人力资源是骨干编辑。一个出版社的社长、总编辑可能会因为工作需要轮换调整，但只要出版社拥有一支稳定、专业、充足的骨干编辑队伍，业务板块就不会动摇，图书质量就不会降低，出版社可持续发展就得以保证。

这项活动体现了出版事业的薪火相传。从“社长总编辑谈做书”到“骨干编辑谈做书”，社长、总编辑展示了出版生涯中的深厚情怀和广博见识，而中青年骨干编辑展现了新生代出版人的创造力与活力，让我们看到了出版事业的后继有人与薪火相传，体现了出版人的整体职业素养，这也可以看成“广西出版”品牌的一个缩影和印证。

这项活动助推了编辑出版理念的形成与提升。对于所有登台分享者，精心准备并登上讲台高质量完成一场出版业务演讲，都是一个“实践—经验—理念”的总结提升过程，是从“知其然”到“知其所以然”的思维深化过程，无疑非常有益于编辑出版理念的形成和提升。而对于一些年轻的骨干编辑，登台演讲难免会感到一定的压力，然而机会难得，意义不凡。每一次登台都是他们的一次蜕变，每一次登台都意味着他们有机会对自己的出版实践做一次系统梳理，意味着他们对出版业又有了一次理性思考，其专业精神、专业素养、专业能力将得到一次更大提升。

这项活动扩大了出版行业在社会上的影响。据说，这两个沙龙活动虽然是出版业内人员探讨业务的活动，主办方却能每期邀请 10 名左右的社会人士和热心读者参加，让读者有机会了解图书出版的“奥秘”和“门道”，感受做书的辛苦和甘甜，有效扩大了出版这一“专业、小众”行业在社会上的影响。

翻阅书稿大样，我的强烈感受一是“真诚”，二是“实用”。书中无论是社长、总编辑，还是骨干编辑，无不以真诚的态度和真挚的语言来分享自己的出版经历。他们毫无保留地分享自己的成功与挫折，毫不吝啬地分享自己的经验感悟，其中有编辑出版业务的 ABC，更有对职业的情怀和道德操守的认识，还有对职业的价值和趣味的体会，而这一切，全都出自演讲者的真诚态度。书稿中列举了大量真实且翔实的出版案例，读来相当实用。这些案例既有做长效书、畅销书的案例，也有做教材教辅的案例，还有做期刊、音像电子产品的案例，基本涵盖了目前的主要出版形态。可以相信，编辑们特别是年轻编辑们倘能认真阅读、理解这些案例，应当会有亲耳聆听老编辑、老出版人谆谆教导的亲切感觉，也会有同行间业务交流推心置腹的真诚感受，对于自己今后的快速成长大有裨益。

为此，我真诚地建议业内编辑同人们，特别是年轻编辑同人们都能认真阅读这两本书，同时还真诚地希望大家都能把自己做书过程中的点滴感受和体会记录下来，形成更多的业务交流，在业内经常开展谈做书沙龙活动。在忙碌的编辑出版工作中，我们不妨抽点儿时间回望来路，重温初心，检视得失，不断提升。做出版不是一朝一夕的事。出版即人生。做有价值的出版就是过一种有意义的人生，需要我们出版人经常去体验、回味和沉思。

建设中国式现代化国家靠人才，实现中华民族伟大复兴靠人才。党的二十大把人才的重要性提到了前所未有的高度，明确提出“强化现代化建设人才支撑”。我们出版业要实现高质量发展，当然要靠更多优秀人才的支撑。为此，出版业必须进一步加大人才培养的力度。出版人才的培养当然不是一朝一夕之功，需要有从点滴做起的实干态度，需要有久久为功的定力和韧劲，更要把坚持新时代精神放在首位。希望广西出版传媒集团继续创新出版人才培养机制，积极探索出版人才培养新模式，不断提高出版人才培养质量，为全国出版人才培养提供“广西经验”。

是为序。

2022 年 10 月 26 日

（作者系全国政协第十、十一、十二届委员，中国出版集团原总裁，韬奋基金会理事长）

目录

出版之“诗”

——“大雅”品牌背后的故事

吴小龙

出版是一件理想的事情——对我来说，“大雅”就是最好的例子。当然，它也并非一件容易的事。2010 年下半年我进入出版社，2013 年我们开始酝酿，直到 2015 年，主打诗歌系列图书的“大雅”品牌才浮出水面，我们倾注多年的热情和努力浇灌的花朵才慢慢绽放。“大雅”面世至今七年有余，其间颇多不易，但我仍愿意把这个过程称为诗性的。

我把“大雅”看作一首出版之“诗”，主要有三层意思：首先，诗是“大雅”出版的一个起点，也是它的一个鲜明标记；其次，就像人们常说的，诗如远方，它代表一个理想和无限的可能；最后，“大雅”的问世虽然艰难，但它超越了个人、超越了时间，指向一个无限“上升”的过程——一个从地面到天空、从匍匐到飞升的过程。在这里，作为亲历者之一，我想分享一下我们为“大雅”面世所做的努力和尝试，讲讲它背后的故事，也聊作一个小结。

一、从一个图书策划说起

出版是理想事业，但我知道，很多编辑有可能一辈子都很难做出一本令自己和他人都满意的书，从主观的愿望到客观的需求，并不是直线的。所以，从这种无力感到得到做好书的机会，是一次跨越，我称之为第一个“上升”。

跨过这个门槛不容易。在我快要毕业、准备从事出版工作的时候，一个师兄就提醒我，说我可能这辈子都做不了一本我想做的书。而当时的我半信半疑。抱着这个想法，进入出版社不到三个月，还在做校对的时候，我写下了自己人生的第一个图书选题策划：关于波兰诗人扎加耶夫斯基的《捍卫热情》。为什么做这样一个选题？因为它所面临和解决的问题。波兰经历过两次世界大战，有着极为惨痛甚至是毁灭性的遭遇，这样一个民族，在劫后余生面对的首要问题，是怎么承受战争的创伤并且活下去。扎加耶夫斯基生于“二战”结束的那一年，好像冥冥中他是被选中的——用他的作品回答这样的问题。今天的中国读者需要它，是因为每个人都在经历一场“战争”，与生活、与自己的战争——面对生活的琐碎和虚无、自己的卑微和平庸，我们需要给自己注入勇气和热情。这是每个人都面临的问题。所以，这样的作家、这样的书，当然是应该推动出版的。

被扎加耶夫斯基感染，我对这个选题投入了巨大的热情：请同学从北京大学图书馆复印了原版图书；请朋友翻译了一万多字的样章；颇费心思地写了策划案……虽然这个让我度过了很多个不眠之夜的策划案最后还是流产了，但现在回过头来看，它是我写过的最为热情洋溢乃至滚烫的策划案。结果其实可想而知：面对一个除了一腔热情对出版一无所知的人，出版社凭什么冒这样的险呢？这个失败是编辑必须经历的阶段，因为出版需要一个准备的过程，来让天马行空的主观意愿上升为出版的客观需要。

幸运的是，三年后，也就是 2013 年，我参与谋划推动的不是一本书，而是一个叫“大雅”的图书品牌。记得当时曹光哲总编、卢培钊社长、白竹林副总编、好友田珅，还有我，讨论这个品牌一直到深夜。此时的“大雅”已不单是个人的主观意愿了。那时的我做过刊物出版和主题出版，对出版有了一定的理解，不再徒有一腔热情。同时，一个品牌并非一篇小文章，它是各方面能量的聚合。国家对社会效益和精品出版的强调也为我们提供了一个良好的外部环境。再就是行业竞争对品牌的呼唤。出版社推出一两本好书是难以形成竞争力的，只有稳定的出版格局才不容易被撼动，这就需要优秀图书的矩阵，需要叫得响的品牌。那时，我一直在关注国内的人文图书品牌，当时众多图书品牌风生水起，它们可以调动最优秀的资源，引导时代的阅读趣味。我觉得那是图书品牌的黄金时刻，它们在给出版人以尊严的同时，无疑也鼓舞了我们的信心。

加之，那时我们社也在思考怎么调整出版格局，于是，这样的一个品牌的打造就水到渠成了。所以，“大雅”品牌是很多因素的奇妙交织，也是一个执念客观化的过程。

二、品牌的动念，“大雅”的基本诉求

定位、概念的形成，是一个务虚的过程，但也是决定性的，关乎品牌的方向和格局，我把它称为第二个“上升”。“大雅”品牌的提出，距我入行已经隔了数年，但它的诉求与我那个关于“捍卫热情”的初衷仍有些关联。

我觉得，出版首先要关注的是人的精神状况问题。今天，学科和分工越来越精细，处在信息爆炸时代的我们可以学到更多知识。但是，当你面对毁灭性的灾难，当你对生活、对自己失去信心的时候，有哪门学科、有什么知识能告诉你如何面对，带给你信心和勇气吗？好像依然没有。启蒙运动后，全球的价值追求更多地投向了对自由、民主、平等的追求，这些最基本的价值当然非常重要，但问题是，当它们被放到最大的时候，会掩盖更多东西。显然，人们需要在这个基础上追求更多，比如信心、勇气、热情，以及更具包容性的德性，但这些并没有得到太多正面、有效的推崇。我们对“大雅”

的诉求之一，就是为它做注脚，从知识上升到品格，从形式价值上升为内容价值，通过阅读，做更完整、更好的人。

我们将目光投向古代。古代会带给我们什么？一种完全不同的视野：在古代，中国和西方对人的德性都有极高的要求。比如，西方学科分立的鼻祖亚里士多德就开创了形而上学、物理学、政治学等，但他提出的分立原本是希望更好地打通知识壁垒，并且通过通识教育落到人的德性、人的整体提升上。在柏拉图的对话录中，苏格拉底说“德性就是知识”，这全然不同于我们今天的定义。西方古典教育是这样，中国甚之。例如，基于道德的“内圣外王”是儒家教育的核心：内圣，就是德性是可以无限上升的，尽心、知性、知天，你通透了你的道德心，就能领悟超越维度的天道；外王，就是齐家、治国、平天下——在一个情理合一的牢靠的德性基础上，一步步像波纹一样往外扩散，最后建立一个相对稳固的社会秩序，这是社会伦理层面的有力支撑。这就是中国传统意义上有德行的人、完整的人。

2013 年 6 月，我们开始立足于这个定位来思考品牌名称。最开始我们提出了“天圆地方”等不同方案，后来，我们将目光移向《诗经》。《诗经》作为“六经”之首，是中国古代人文教育的起点，其中的“大雅”与我们的诉求不谋而合。“大雅”原为王室的一种高端、雅正的音乐，后来成为品格、德行的代名词——它是建立在中国古代内在自省与外在实践的基础上的、对品格的整体建立和综合诉求。由之，“大雅，为一种品格注脚”，作为我们的品牌广告语沿用至今。标志的设计——四本书、一个古鼎呼应了这个诉求，在古代，鼎主要用于祭祀，用于天人沟通，它代表诚信和大德，这是来自古代的一种悠远回响。

“大雅”，就像这个名字给人的直观感受，也像我们希望“大雅”塑造出的明智、温和、中正，它是积极正面、平和安静、谦谦君子式的，明智意味着清醒和洞察。它也是有态度、有性格的，就像诗句“大雅久不作”所寄寓的，它有着基于正面能量所焕发的批判性和否定性。

三、浮出水面，“大雅”如何为人所知？

从无名到知名，我称之为第三个“上升”。我们当然不希望“大雅”默默无闻，在品牌名称确定的同时，我们就在思考如何让它为大家所知，并形成影响力。怎样发出第一个声音极为关键。

我们的做法就是从诗歌切入。为什么要从小众的诗歌切入呢？首先是国内出版的格局，板块划分已经非常精细，但还没有哪家出版社的诗歌出版形成绝对优势。其次是市场的潜力，诗歌虽然是小众读物，但中国人口基数大，可吸引的读者数量也不小。再就是出版的资源，国内外顶尖诗人非常多，这意味着品牌的可持续性。我们还考虑了投入的成本，不比其他竞争激烈的板块，诗歌板块意味着较小的投入和较高的容错率。这些都是基于出版策略上的考虑，而最关键的考虑是诗歌本身的价值。孔子说“不学诗，无以言”，在中国古代，诗是学习和教育的起点；而作为一种艺术，诗歌是语言的理想和极致，冲击力最强，因此，学习诗歌也被视为最有效的教育。

而且，冥冥中总有各种神秘的因缘在背后推动我们。当初我们策划的关于波兰诗人扎加耶夫斯基的选题流产了，但时隔三年，另一个波兰诗人辛波斯卡又点燃了我们。她的《万物静默如谜》一年销售十多万册，成为出版爆品，让我们看到小众读物——诗歌的市场，这也成为当时我们决定做诗歌图书的一个重要引线。由于诗歌出版价值大，投入少，可持续，市场潜力大，能快速产生品牌影响力，因此，它作为“大雅”品牌的首选就更顺理成章了。

以诗歌切入，如何亮相非常重要，因为一旦湮没无闻，对于一个处于尝试阶段的品牌而言可能是致命的。那么，如何让品牌在众多出版物中浮出水面，迅速为读者所知？我们做了一些尝试。

首先是诗人和作品的选择。作品选择要考虑市场，要确保质量，所选的作品还要有一定的知名度。为此，我们确定了第一部作品《白鹭》，这是著名诗歌奖——艾略特奖的获奖作品，作者德里克·沃尔科特是诺贝尔文学奖获得者，美国诗人布罗茨基曾称他为迄今为止英语世界最好的诗人。我们还考虑代入感，比如美国诗人史蒂文斯，他和我们一样是上班族（副总裁），他害羞地隐藏起自己的诗人身份，是一个偷偷写作的“抽屉诗人”。我们也关注话题度——虽然带有几分无奈，比如曼德尔施塔姆的流放，普拉斯的自杀以及她与休斯的传奇婚姻，等等。我们也考虑译者的知名度，寻求诗人和翻译家双重身份的结合，注重译者对翻译的认真程度。神奇的是，种种辗转之后，我们还找到了当初推动“大雅”的“引信”——《万物静默如谜》的译者陈黎，让他再度成为我们的译者，翻译《精灵》一书。

其次，我们也考虑了图书亮相的形态。一个不知名的机构出版一两本诗集，是无法引起人们注意的，所以体现存在感的丛书形态——“大雅诗丛”就成了我们的选择。我们考虑了可持续性，考虑了调动资源、关注度，以及后期的宣传推广，考虑了原创和引进搭配的图书结构，所以除了国外卷，还增加了国内卷。国内诗歌出版难度大，但优秀的诗人和诗歌作品很多，于是我们推出了非常优秀的雷武铃、杨铁军、席亚兵、王志军、谢笠知 5 位诗人的作品。“大雅”的第一个品种“大雅诗丛”，就成了拥有国外卷、国内卷 2 个系列共 9 个品种的图书矩阵。

我们的宣传推广做得艰难，但是扎实。通过作者和译者，我们邀请了很多著名的诗人，如王家新、臧棣、蓝蓝、姜涛、冷霜、周伟驰、张桃洲等，来帮忙站台宣传。我们还借助一些诗歌机构的力量，比如北京大学中国新诗

○ 2015 年推出的“大雅诗丛”第一辑

研究所、首都师范大学研究机构，南宁自行车诗社等民间诗歌团体，一起主办了好几场地面活动：第一场是丛书整体露面，在北京单向街书店做了一场“大雅诗丛”的活动；第二场针对单本诗集，在北京言几又书店做了一场《白鹭》的活动；我们还邀请台湾诗人陈黎到南宁，在西西弗书店做了一场《精灵》的活动，并在图书馆做了一场“大雅”的延伸活动——“大雅文化讲堂”。

这一切，对入行不久且没有做市场书经验的我来说，每一步都是异常艰难的。不过，我们是幸运的，“大雅”在圈内迅速获得了知名度，产生了不错的效果，获得了很多好评。我记得有一天，素未谋面的广西诗人黄土路跑到我的办公室，兴冲冲地说：“你们出了一套像金子一样闪光的书！”这真是令人欣慰！

四、“大雅”的夯实，如何拓展品牌线？

一个品牌的产品不是一两本书，也不是一两个系列，它需要持续更新，需要影响力的延续，所以“大雅诗丛”浮出水面后，我们尝试对品牌进行夯实。品牌线的拓展，就是从小到大的过程，我称之为第四个“上升”。2013—2017年，部门就两个人，2018年虽然增加了两人，但是要额外承担其他任务，所以出版节奏比较慢，但我们还是进行了拓展。经过几年积累，图书逐渐增多，形成了一个比较丰富的“大雅家族”。

首先是诗歌领域的拓展，这是“大雅”的主打。“大雅诗丛”第一辑一面世就在社会各界引起热烈反响，为后续图书的面世打下了良好基础，所以我们要巩固这一优势，夯实诗歌出版品牌。最直接的做法就是拓展“大雅诗丛”。虽然国内诗歌市场有限，但我们还是在2017年推出了第二辑，包括张曙光、臧棣、姜涛、周瓒、王强5位诗人的作品，继续蓄积丛书的势能。

其次是做个人系列的拓展。“大雅诗丛”之后，我们不再跟热点、跟风，而将目光落到了对作者的认定上，通过一部作品判断其所有的作品——即使是比较边缘的作品，集中将一些重要诗人做专、做强、做透，由一个作者拓展为一个系列。在形态上，我们希望克服国内零散出版的问题，从诗集扩展到文集、戏剧、日记、书信等，这对于读者系统深入的阅读当然是极大的利好。第一个尝试是“大雅诗丛”中的《白鹭》，我们以它为切入点，先引进了作者沃尔科特的史诗作品和唯一文集，后来又引进了他的戏剧集。此后几年，我们将大师个人系列作为重点，又陆续引进了“希尼系列”“休斯系列”“洛威尔系列”等，目前已经初具规模。

做诗歌出版多年，我们发现国内对诗歌的理解问题不小，甚至不少诗人、研究者谈起诗来云里雾里，让人唏嘘。于是我们关注到诗歌的读法、诗歌的标准。我们相信诗人是诗歌的真正谈论者，没有写作经验的人，对诗歌难有共情的理解。所以我们推出了不少诗人谈诗的作品，让它们散落于“大雅文丛”以及一些个人系列。我们注重在实践基础上的批评，不过海伦·文德勒除外。她并非诗人，但被称为“诗歌的最好读者”，一辈子只做诗歌阅读和批评。也许是因为本科学的是理科，她将理科思维和新批评的方法融为一体，她对诗歌的解读有了崭新的视角和方法，她像面对自足的世界一样面对每个字、词、句、段，由此谈论结构、修辞、意义。这种如解剖麻雀一般的拆解，反而让诗如磁石一样充满了吸引力，这无疑是诗歌读者需要的。全方位引进这样一位作者的作品，或许会让中国读者对诗歌的理解发生翻天覆地的变化。于是，着眼诗歌细读、诗人解读、诗歌问题，我们前后引进了海伦·文德勒的八部作品，以“文德勒诗歌课”之名推出，也有了体量。

我们之所以做面向大众的诗歌和诗歌解读类图书，是因为从社会功能来说，诗对人、对社会的认识是最有力的，诗歌教育是最具体、最有效的教育。我们希望通过有效的诗歌阅读达到这一点，这是我们出版诗歌的一个野心。

由此，我们以诗歌切入，逐步向人文社科领域拓展。2015 年，我们社推出了“新师说”系列。“新师说”源于一个共识：对民族未来最大的影响，来自大学，来自那些最优秀的教师。但这种影响停留在学校太有限了，我们希望实现影响最大化，所以我们计划将大学里优秀的讲课稿整理出来，分享给大众读者。基于这种想法，我们将目光移向了国外，我们知道哈佛大学有一个著名的讲座，每年都会请音乐、诗歌、建筑等领域的一位大师做六次演讲，于是我们就尝试引进其中的一些代表作，推出了“哈佛诺顿讲座”。我们希望未来能够继续拓展边界，实现人文社科的全方位覆盖。

几年来，我们也与伙伴们推出了“人文丛书”“异托邦丛书”等系列，涉及哲学、社会学、建筑学等领域，还在筹划哲学家德里达和巴塔耶的系列作品。有些作者的作品乍看与“大雅”品牌气质不符。如德里达是个解构主义者，但他所做的，是对几个世纪以来科学中心主义或主客对立思维——深刻影响几代人头脑的固化认识方式进行解构，他试图打翻那冰冷、僵化的东西，回到活生生的“在场”。这无疑深刻呼应了“大雅”的内在诉求。就像德里达的“精神的老师”海德格尔认为的一样，通达它的方式最后落到了我们正在做的诗歌。他们让人的认知方式发生了变化，这其中当然有破坏性，但解构之后就是建构，是回归，回归那熟悉却又完全变化了的日常生活，以便更好地生活。

对于未来，我们保持着开放的心态，期待与志趣相投的伙伴们继续推动美好的发生。中国出版圈并不大，但是聚合起来的可能性却是无限的，它“爆炸”后的能量有多大，让我们拭目以待。当然，人的力量终究有限，想当年我们在做“天圆地方”三到五年计划时就设定了两三百种的图书体量，我想，按照目前的进度定然是无望的，你得承认你的无力：你做一点点，人生就已至中途了。

五、回归本体，“大雅”怎样做好每一本书？

动机、概念都是务虚的，出版的本质仍是回到每一本书，因为它看得见、摸得着，占据一个具体的空间，沉淀并检验你的思考、行动。因此，我将这个最重要的过程称为回归与接近出版本体的“上升”。

要想获得生命力，你不能把书当作一个僵死之物，甚至不能把它当作一个建筑、一棵树。我一直把书比作人，一本书的结构部件如同一个人的五脏六腑，每一个部件都不能有问题，而且必须和谐、有序，否则就像人会生病、会死，书也会丧失生命活力。我们所有的努力，就是为了最大限度地接近这个生命的本体，让它的“五脏六腑”保持健康。而书和书的不同，正如人跟人的不同，所以，这个不断理解、接近出版本体的上升过程是很难的。

这种接近本体的过程，首先是内容上的。2013年我开始做主题出版，对比同行我们是成功的，获得过很多荣誉，完成了很多“第一次”，在市场方面也有飞跃。在做这类书时，我们是深度主导的，参与度非常高，编辑很多时候是以作者或导演的身份参与的。但是，这种参与方式也决定了它的价值是有限的，它难以成为经典。对于“大雅”，我们将书本身的价值视为唯一标准，而我们的定位是不做主导，只做好辅助。

“大雅”引进的书大多是经典，我们要做的就是尊重原著，呈现原本，回归本意，不投机，不哗众，但千万不要认为这很简单。比如《白鹭》只有80多页，但译者程一身却说翻译它像在地狱里走了一回，还请了黄灿然、王家新、顾爱玲等多位诗人翻译家帮他核对。他“死”过一次，我也崩溃过，很多诗从头到尾就是一个句子，复句不断叠加、缠绕，对我来说太费劲了，但我还是硬着头皮完成了，还请了师友参与核对。我们要求意思的清晰、准确是前提，避免二十世纪八九十年代的“朦胧翻译”；除了准确性，也有节奏、气息、韵律等的要求，杨铁军老师说《奥麦罗斯》修订了五次，乃至“翻伤了”，为的就是调整语气。因为如果没有好的呼吸，诗歌就“死”了。另外，我们杜绝无底线追求市场和速度，改书名、删内容、调结构等对于原著的损伤，是违背我们初衷的。

引进作品要做到尊重原著是艰难的，而原创作品用力处不同于引进作品，也颇多不易。比如《庄子哲学讲记》，这本获得过第七届中华优秀出版物图书提名奖、2016年度“中国好书”荣誉的书，同事看到初稿后第一时间的判断是出版不了，因为语言、结构凌乱，形态毛糙。但是，我觉得它的“毛坯”

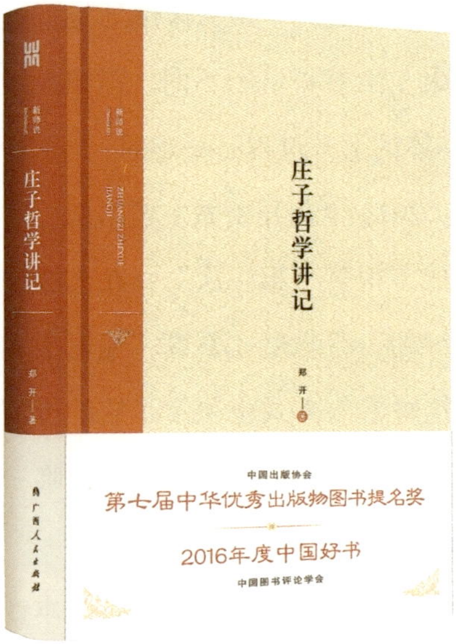

○ “新师说”之《庄子哲学讲记》

是好的，甚至是无可取代的，因为作者是研究、讲授《庄子》的著名教授，国内能超越他的人并不多，他的课也是颇受北京大学学生欢迎的。至于形态上的“毛糙”感，作为讲义是难免的。后来，我们就结构、行文、语言等方面提了修改意见，到正式出版时，书稿已经发生了巨大变化。我们的工作仍然只是辅助，但需要付出极“不自然”的努力，才能让书归于“自然”。

做书是一种艺术，对接近本体的过程也有形式上的要求。我们对此投入的精力、时间不逊于在内容上投入的。我们的原则是，为图书寻找“最合适的形式”。这个看起来非常简单的诉求，要实现其实也并非易事，不同的书有着不同的内容、文体、文风，“合适”二字其实最难。“合适的花哨”是朴素的，而“合适的朴素”则可能是最具装饰性的。如果做不到“合适”，我们往往选择后退一步，尽量保守、中和一些，不为博人眼球而出格。

国内不少诗集的封面、版式做得花哨，这是缺乏对诗歌的理解，忽略了诗本身的形式对设计的要求。诗歌的形式感很强，断句、分行、分节、押韵等极为讲究，这也对图书的形式提出了很高的要求，尤其体现在版式上。除了诗本身的形式，图书版式的很多附加形式都是多余的，是对诗歌的呈现和理解的干扰与损害。这其实是一个简单的道理，但因文体形式的隔阂，往往不好理解。所以，“大雅”的诗集在版式方面追求大方、朴素、简单，不加任何装饰，我们希望读者关注诗歌内在的形式，不干扰读者对诗歌形式本身的体验。当然，这种“如无必要，切勿增加实体”的奥卡姆式的形式要求，实现起来并不简单，为此，“大雅”的诗歌版式经过了很多次调试和改造。

最开始的封面设计比较保守、温和，如《白鹭》首印版封面就用的作者头像，但是重印时封面与内容有了更深的融合。《白鹭》成书于沃尔科特的晚年，丧失感、死亡的情绪是笼罩整部诗集的基本情绪，他用“白鹭”这个意象来指代这种情绪。对此，设计师做了多次封面的尝试，但总感觉不够。千回百转之后，我们找到了诗集同名组诗《白鹭》中一首带有挽歌性质的诗，诗里回忆他已去世的好友布罗茨基，追忆两人在游泳池边的一次谈话，谈到了博斯的一幅绚丽的名画——《人间乐园》。在这巨幅画作的一个小角落里，有一只被白色光环托起、跃出画面的白鹭——就是诗中提到的。这幅画与全书的主题和情感基调高度匹配，它让整首诗甚至整部诗集发生了内在的关联，生与死、苦与乐、世俗到天堂，都在这幅画里打通了。把它用于封面设计真是恰到好处！

这幅画很“花哨”，以至于译者反对使用，但是我们坚定地觉得对于这本书，它是极“简洁”的、合适的，没有任何累赘的东西。“大雅”系列的书，我们都希望能实现这样的结合。合适，是我们最朴实却又是最高的诉求。

六、推动共享，“大雅”的宣传推广及效果

共享是最大的快乐，精神的福利——实现图书价值的共享则更是如此。出版的最后一个环节——宣传，就是这样一个过程。这个增加受众、增加图书与读者碰面机会的过程，其实也是让图书价值最大化的过程，而对于品牌、对于出版社，它的反哺效应、边际效应是无法估量的。这个过程，我称之为第六个“上升”。

在宣传推广上，我们的力量是比较薄弱的。在起步阶段，我们从零开始，资源和经验都是零，媒体推广是崭新的开始。那时，我是去图书馆找报纸副刊上的电话，然后一家家去联系的，后来做活动联系书店、媒体也是如此。但就是通过这样的方法，我们与传统媒体报刊、电台、电视台有了联系，渐渐有了积累。在同事们的帮助下，我们有了自己的公众号、平台、站点，有了一些线下首发、分享会的推广，偶尔也做“大雅讲坛”，逐渐让大众对我们有了认知。

不过，“大雅”之所以能获得好评，最主要是它本身带有的一种人格魅力。书沉淀一切、诠释一切，你投入最强的意念、最集中的专注力、最多的智慧，

○ 2015 年，在北京单向街书店做的“大雅诗丛”第一场活动

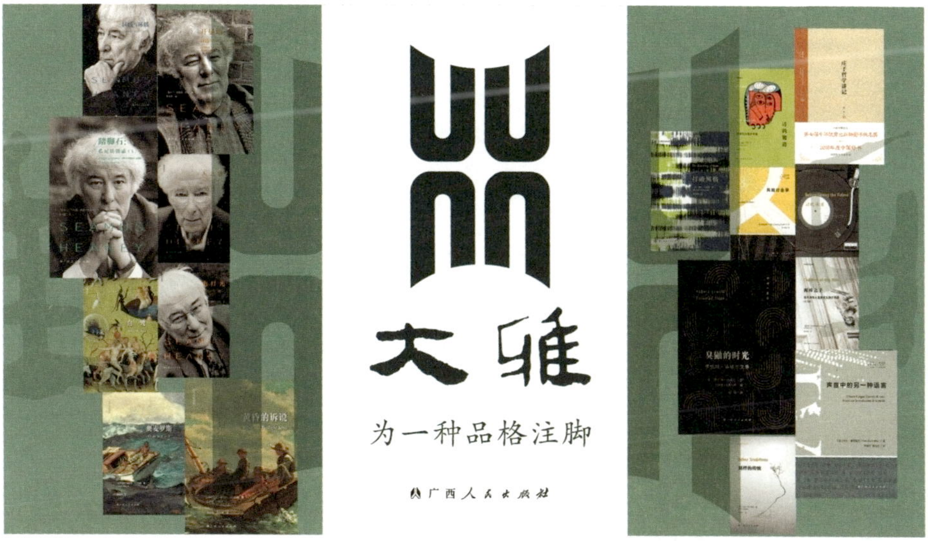

○ “大雅”logo 及部分图书

持续不断落到实体书上，就能发生回响，形成自己的性格和态度，有了自己的“执念”和“人格”，也因此有了自己的魅力。在此基础上，我们不断重复品牌识别，强化印象：统一标识，包括品牌名、logo、广告语；统一设计风格，“大雅”的书不少，但设计团队主要以一人为核心；统一形式识别，包括版式、装帧、用纸，形成属于“大雅”的经典风格。这样一来，我们在各类媒体开展的关于图书首发、沙龙、签售、讲座等活动的宣传，即使力度不大，但呼应起来，“大雅”就收获了自己的口碑。很多作者、评论家、忠实读者、媒体朋友对我们的评价都蛮高的，这其实也产生了很好的营销效果。

各种合力让“大雅”获得了良好的社会效益，其中包括不少官方荣誉，如中国出版政府奖、中华优秀出版物奖、年度“中国好书”、国家出版基金项目等，很多荣誉都是社里的“第一次”，这无疑让我们做事、做书有了更

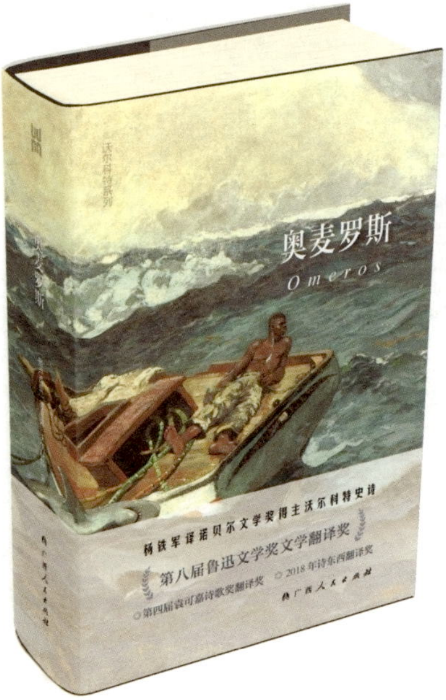

○ “沃尔科特系列”之《奥麦罗斯》

加便利的条件。此外，“大雅”图书的部分品种入选了文津图书奖推荐图书、深圳读书月年度好书、《新京报》年度好书等各类图书榜单，这意味着公众对我们的认可，也因之改变了很多同人的观念，我们出版社之前对此是没有概念的。媒体也进行了大量报道，如《新京报》每年都对“大雅”做大篇幅的报道，多的达到了七八版。更重要的是，我们的诗歌翻译获得了国内认可，多本书获得了“傅雷翻译出版奖”“袁可嘉诗歌奖·翻译奖”等，攀上了金字塔的顶尖。

这些社会效益，让我们的热情和努力有了附着物，给我们带来的变化是明显的，很多良性反应接连发生了。比如出版资源的升级，最开始我们做版权引进真的很难，因为我们社鲜有引进图书的先例，我都不知道怎样才能获得版权，后来联系上版权代理，也得不到太多信任和热情的回应。作者和译者也在观察，看你究竟能做成什么样。“大雅”有了成效后，一切就大大改观了，我们也有了选择的余地。合作方是如此，我们现在正和知名品牌拜德雅合作，也有来自书店、出版商等更多的合作意向。媒体也是如此，“大雅”有了一定知名度，媒体就开始找我们了。我觉得这些是特别大的变化。

我们是清醒的，清楚小众出版的市场，但我们同样清楚经典能流传。“大雅”系列图书，如“大雅诗丛”“希尼系列”“沃尔科特系列”等很多品种近年陆续重印，多的印量达到数万册，进入了一个良性循环，有了好的生态。对出版社而言，最重要的变化就是对出版认知的变化、态度的变化，很多同人已经不像之前那样看待出版了，对自己的定位也有了改变，刷新了认知。我觉得这是根本性的、巨大的提升。

七、最后的上升，精神的焕发

做出版，是通过图书和作者感知大千世界。这里泥沙俱下，会有很多人、事让人沮丧，它们加重了我们对生活和这个世界的失望。但是“大雅”的诗歌带给我们的是精神的上升，它让我们笃定、确信，也让我们精神焕发——我称之为最后的“上升”。

记得做“大雅”的第一年，就有诸多难忘的做书人的故事。比如黄灿然，他原本在《大公报》做新闻翻译，为了做诗歌（这多少与我们的《开垦地》有关），他辞掉工作，偏安于一个僻静的山村专事翻译。这位被不少人称为“诗歌翻译第一人”的诗人和翻译家，一度到了靠预支稿酬生活的地步，但他仍以极其严谨的态度耗费三四年翻译一本书！再如王家新，《白鹭》分享会当晚十点才结束，我们吃饭时咖啡店都要打烊了。然而，王家新和我们聊诗、聊翻译，越聊越起劲，仿佛忘记了时间，店员一次次催促无效，于是，咖啡店音乐声不断飙升。就这样，咖啡店里的音乐和人声交替攀升、缠绕，出现了一个颇为戏剧化的声音“比高高”的奇异场面！又如陈黎，他到南宁做《精灵》的分享，我得以“贴身”陪同他好几天，已经六十岁的他爬山步子极快，说话语速飞快，争论问题时思维转换迅速，一路上我脑子和步子都需要小跑才能跟上。当时我陷入恍惚：他不是六十岁，而是个十六岁的小伙子！

我每每震惊于“大雅”的诗人和译者对于诗歌的热情和投入。他们可以沉浸在自己的世界里，忽略周遭一切！也因为这种沉浸，他们可以对抗生活的嘈杂，对抗生活的艰难困苦，怀抱僧侣般的苦修主义，挑战精神的极限！他们无疑带给人巨大的鼓舞：你会觉得这个世界并不那么糟糕，这让你怀抱信心。而这种精神的浸润、内在的浪漫主义是有着巨大力量的，它不但抚慰人心，还会神奇地更新你的身体，让你像一个年轻的战士，一个赤子！

这些都发生在“大雅”推出的第一年，是一个个美好的预兆！事实上，更美好的因缘在后面接续发生。经历越多，人就越相信这个世界诸多神秘的存在，就像最开始，一个波兰诗人的熄灭，另一个波兰诗人的点燃，以及后来“大雅”那些源源不断浮出的书，让我们仿佛到达某个玄妙的临界点，在最后的“上升”中纵身一跃，探到了另一个世界的消息。

谢谢参与和帮助过“大雅”，以及推动这一切发生的所有人！

（本文作者系广西人民出版社理论读物中心主任）

文学图书品牌的塑造与编辑力的提升

辛丽芳

“编辑是全面动员自己的个性、人格、人生观、世界观以及知识、教养、技术，甚至日常生活方式等个人的一切，从事与专家、作者或创作书籍者有关的工作。编辑需要的不是其中某些项目，而是综合上述一切的‘完整的人格’。”（松本昌次《一个编辑的工作日志》）可以说，一个好编辑需要具备方方面面的能力，而编辑力的高低则直接决定了图书品牌价值的大小。

文学图书编辑与其他品类图书编辑相比，有共性，当然也有其个性。从事文学图书编辑工作，看似不需要特别专业的技能，似乎不论是什么专业背景，但凡学过语文的，总能够“对付”过去。然而事实并非如此。文学本质上是人学，包罗万象，无处不在。正是日积月累的文学熏陶和对语言文字自身规律的不断钻研，使我们敏感、易共情，懂得字斟句酌，这是一种能力。这种能力将在我们编辑出版的各环节中得以显现。

一、坚守领地，捍卫已形成品牌效应的优质品种

“年选”系列图书一直是漓江出版社的拳头产品，截至 2021 年，“年选”系列图书已出版 24 年之久，在读者中产生了广泛影响。这使得“漓江年选”品牌成功确立，并引领了国内年选图书出版的潮流。

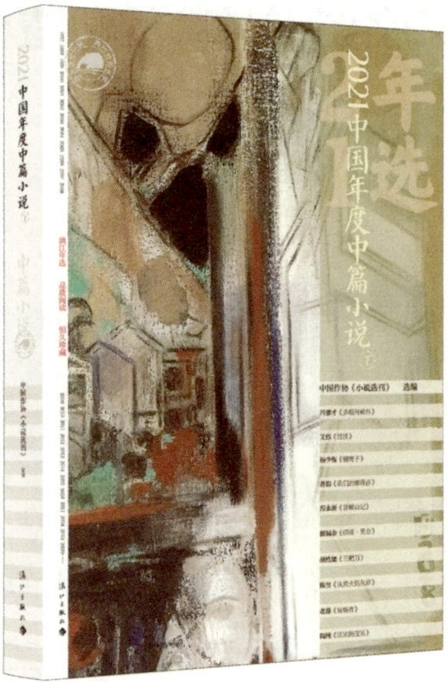

○《2021 中国年度中篇小说》（上） ○《2021 中国年度中篇小说》（下）

二十多年来，“漓江年选”既是国内同类图书出版的引领者，也是同类图书品质的坚守者。我们坚持邀请相关领域的权威机构、著名刊物、专家学者主持编选，在选文上严格把关，认真梳理全年文学创作成就，推选出思想性、艺术性俱佳且有代表性和影响力的年度优秀作品。

（一）催稿是个技术活儿

“漓江年选”从最初的两三种，做到现在的十五六种，非一日之功，亦非一人之力。2015 年，我入职漓江社后即加入了“漓江年选”的编辑出版团队。那时的我还处于练基本功的阶段，不管领导、前辈安排什么稿件，我只管闷头看稿、改稿，对于哪个时间节点要做什么事情是没有清晰概念的。后来我渐渐熟悉业务，便也知道每年 9 月就要开始催“漓江年选”的主编交稿，且往往要从 9 月底催到 10 月中旬。

正如日本出版界老将鹫尾贤也所说："能否高明地催稿，让作者如期完稿，就看编辑的本事了。催得太紧，会坏了作者的心情；可是截稿期限在即，只是婉言相劝，工作又无法如期完成。究竟该如何拿捏，这也是编辑要具备的重要能力之一……"（《编辑力：从创意、策划到人际关系》）相信很多编辑对此都深有体会，而个中滋味恐怕就只有自己知道了。

比如"漓江年选"科幻小说的主编星河老师，他做事情极其认真，每年交来的选编稿都是齐、清、定的，除了序言之外，还为每篇入选作品写了百余字的导读。而催他交稿，是作为责编的我在前期工作中最重要的事情。一般是在 9 月底，我便要与他商量交稿日期，有时他会故意"漫天要价"地说 11 月初交稿，而我"就地还价"，最终商定 10 月中旬交稿。到了 10 月 15 日左右，若还未见他交稿，我便会开启催稿模式，而他往往也能在一两日内交来质量上乘的稿件。

前期除了要与主编商定交稿日期，相对准确地告知他们合适的篇幅也至关重要，这直接决定编辑的工作量。所交稿件字数过少，会造成排版后页码少、书脊薄的情况，彼时再让主编补充篇目，恐会影响出版进度。所交稿件字数过多，则会增加编辑校对的工作量。如若删减篇目，则需要跟主编有所交代；如若不做删减，造成成品过厚，不仅会增加自身的成本，还会影响市场接受度。

主编按时交稿后，编辑要保证按时出书，这是建立相互信任的基石。唯有如此，才能在下一年度继续有效催稿，才能保持长期稳定的合作关系。特别是"年选"图书这种时效性很强的产品，为了能在来年 1 月与读者见面，我们会制订详细的进度安排表，从预计到稿、三审三校、装帧设计、印前质检到最后下厂、入库，时间精确到日，分三到四批次有序开展。其间，校审部、总编室、美编室、印制部、市场部、发行部等各部门通力配合，他们便是我们坚实的后盾。

（二）专业的技能和专注的态度，是图书编校质量的保障

年选，顾名思义，是从当年度发表的众多作品中，遴选出质量上乘、有代表性的精品。虽然入选作品都已经过各报刊编辑、校对的把关，一般来说，差错不多，但作为图书编辑，要时刻抱有怀疑精神，多翻字典、查阅资料，多和主编、作者沟通，要时刻从读者的角度出发，尽力为他们提供质量过硬的图书产品。

“漓江年选”的中篇小说和短篇小说由中国作家协会主管的《小说选刊》的编辑团队负责选编工作，所选作品都在当年的《小说选刊》上发表过，而《小说选刊》所刊作品又皆从全国各地各种刊物中精选而来。可以说，进入“漓江年选”的中、短篇小说都已经过两种名刊的严格把关，但我们仍不能放松警惕，力求把最完善的作品呈现给读者。试举两例与同侪交流：

一九五七年匈牙利事件中，他参与了伊姆雷·纳吉集团，与街头闹事的人群结合在一起，最后被苏军镇压。

——王蒙《笑的风》（选自《2020 中国年度中篇小说》初稿）

根据上下文，这里的“匈牙利事件”应指匈牙利“十月事件”，该事件发生在 1956 年。与选编团队商榷后，将“一九五七”改为“一九五六”，避免了知识性差错。

次日，六一儿童节。晚上，俞思语家里出了大事。

俞思语的外婆外公，参加上海协和旅行社的夕阳红旅行团游三峡。本意

说是老两口儿辛苦了一辈子，这次一起出去，轻松轻松，好好玩玩。就是他们乘坐的这艘游轮“东方之星”，哪里会想到“东方之星”在湖北监利水域，遭遇狂风暴雨，忽然就翻船了，倾覆了。全团都是50岁以上的老人们，**四百多人，都没了。**出事就短短几分钟。船上应急措施都来不及施展，根本无法抢救。

…………

船一倾覆，下沉很快，**全船456人**，全部落水，半个小时不到，江面就没有人声了——这是事后了解到的情况。

——池莉《打造》（选自《2020中国年度中篇小说》初稿）

这几段文字叙述的是发生在2015年的“6·1‘东方之星’客轮翻沉事件”，文中提到的“四百多人，都没了”“全船456人”等信息不准确，据凤凰资讯等大型媒体报道，全船应为454人，有12人获救。与选编团队商榷后，将这两处分别改为“四百多人，只有12人获救”“全船454人”。

（三）以创新精神引领潮流，用营销宣传巩固品牌知名度

二十余年来，“漓江年选”在品种上不断丰富，如2015年我们首次收录了网络文学男频卷和女频卷，在业内可谓独树一帜。网络文学作品单篇动辄数百万字的体量，如何将十来篇有代表性的作品纳入一本二三十万字的书里，考验的是选编者的眼光、学识以及化解能力。北京大学网络文学研究论坛的师生们巧妙地解决了这个难题，他们采用节选的方式选取网络文学作品中的精彩章节，辅以作者简介、内容简介、推荐词，以及鲜活的粉丝评论和专业长评，这让网络文学有了以群像的姿态走向纸媒的可能和恰当方式，对想要了解网络文学创作概况的广大读者，起到很好的全面推介作用。

除了在品种上力求突破，在装帧设计上，我们亦不拘一格，不断创新。自2016年始，我们每年选一位年度画家，从该画家众多绘画作品中精选十几幅画作用作“漓江年选”的封面。比如，2016年我们选用了朵云聪聪的充满国风韵味的画作，2017年选用席华的先锋画作，2018年选用著名画家乔晓光的画作，2019年和2020年则分别选用杨锋和曹力的画作。这样既确保能定期更换封面、版式风格，以满足读者与时俱进的审美需求，同时又把“漓江年选”影响力的触须伸进美术界。

“年选”系列图书出版前的工作量大，时间紧迫，出版后的工作量亦不容小觑。编辑需要整理入选作者的联系方式，及时寄送样书；整理其账户信息，计算稿酬，监督稿酬发放等事宜。同时，要开展定期的地面活动、媒体宣传，以巩固读者对“漓江年选”的认知。例如，2017年“漓江年选”出版二十周年之际，我们在北京大学朗润园采薇阁举办了研讨会，邀请何建明、顾建平、王剑冰、林莽、徐南铁、陈晓明等业内专家、评论家、主编参会，他们对“漓江年选”给予了高度肯定。中国作家网、《中华读书报》、百道网等国内知名媒体对“漓江年选”做了全面介绍与报道。

诚如北京大学中文系主任陈晓明所说：“‘漓江年选’的参与者们具有专注、专业的精神。二十年如一日的坚持，本身形成了一种力量。他们为中国当代文学，守住了一块可能并不热闹但有价值的阵地。”

二、利用已有资源，深耕优势领域的产品

近年来，漓江出版社“诺贝尔文学奖作家文集”的作品陆续推出，截至目前，已出版十多位作家的三十多部作品，在业内和读者中引起良好的反响。该丛书是对二十世纪八九十年代漓江社的品牌图书——刘硕良主编的“获诺

贝尔文学奖作家丛书”的继承与发扬，将之前“一人一书”的阵容变为“一人多本”。如果说老版是启蒙版，那么新版就是深入版，既深入作者的内心，也满足读者的深度需求，看上去是小众趣味，影响的是大众阅读倾向。这就是引领的意义，也是漓江出版社图书一贯的追求。

（一）从前辈身上学习出版人的优秀品格，建立属于自己的作译者队伍

刘硕良先生是全国著名的出版家，我与他的结缘始于 2018 年，当时他计划主编“开放的记忆”丛书，该丛书“是对漓江优秀传统出版物的一次有效梳理，更是对改革开放成果的纪念性回顾”，后更名为“锦囊旧书”，收入“旅伴文库”。刘老给我的印象是专业上严谨，有大局观；人格上谦卑，爱护晚辈。

“诺贝尔文学奖作家文集”所选作品源自二十世纪八九十年代漓江出版社畅销的外国文学作品，这些作品的译者大都年事已高，漓江出版社与他们也早已疏于联系，要重新取得联系并获得他们的授权，并不是一件容易的事情。刘老不辞辛劳，指导我和另一位同事整理出完整的通讯录。他还亲自给译者打电话、发短信致以问候。他不会使用电子设备打字，往往是在白纸上写了信息内容，让我输入手机里，他检查无误后再发送。

从这些信息里，我感受到了他待人的真诚和做事的章法。他对编辑出版的方方面面都了然于心，从丛书的定位和体例出发，对译者提出相关要求，比如要求译者尽可能提供照片、再版后记以及评论性文章等。从译者们对刘老的态度中，我看到了尊重与信任。那时我就想，这就是刘老的作译者队伍，他与作译者的关系牢固而持久。那么，我的作译者队伍在哪儿呢？

其实，经过时间检验的公版书有其出版价值，编辑要思考的是怎样才能

把公版书做出自己的特色，形成自己的风格。从选题开始，首先要考虑的就是译本。公版书译本的选择体现了一个出版社的品位。漓江出版社作为老牌文艺社，有大量的老一辈翻译家资源，如李文俊、李玉民、杨武能、倪培耕、赵振江等；同时，由于前辈们知人善任，在创社初期就着力培养新人，因此这些当年的新人如今都已在各自的领域颇有建树，成为我们现在可以依靠的中坚力量，如裘小龙、胡小跃、高兴、沈东子等；此外，出版社有责任为青年翻译工作者提供平台，我们因此与一熙、顾奎、黑爪、欧阳耀地、刘葵兰等人逐步建立了稳固的关系，他们有的是国内高校老师，有的定居海外，但都热爱文学及文学翻译工作。

这种良性的梯队，是我们能够持续不断推出优秀外国文学作品的重要保障。老一辈和中年翻译家大都已有非常成熟的、得到市场普遍认可的作品。这些作品我们可以直接“收入囊中”，并在译者各方面条件允许的情况下，尽量新增再版后记，或请译者对原译本做出修订，比如我们推出的裘小龙翻译的《第二次来临——叶芝诗选编》，就是在漓江出版社老版《丽达与天鹅》的基础上重新修订增补而成的。

（二）与作译者保持良好沟通，一起努力呈现更好的作品

1. 心里还住着个诗人的李玉民

法国文学翻译大咖李玉民是漓江出版社的老朋友，他年逾八十仍笔耕不辍，每天的翻译工作是雷打不动的日程。他曾说自己六十岁以后是“去病化”，大意是，六十岁以前他的身体多多少少有些毛病，六十岁以后这些毛病反而一样样消失了——越活越年轻。李老师对热爱之物持之以恒的精神，以及他真诚朴实的为人处世方式都让我受益匪浅。逢年过节，他常作诗赠予各路友人，若住地变更，也会及时告知。

李老师不会用电脑，交来的稿件都是手写稿，有时是复印件，有时则直接交来原稿。这是他对我的信任，我自然不敢怠慢，第一时间复印一份，再将原稿寄回给他。

有一年夏天，我和同事去北京出差，刚好李老师也在北京，我们便约好去他家里拜访。在那里，我终于看到了李老师每日从事翻译工作的小书桌。说是书桌，倒更像是小讲台，李老师是站在书桌前做翻译的，他说站着对身体好。书桌左边是一本法国文学原著，右边是一沓纯白 A4 纸。李老师一字一字写在没有格子的白纸上，竟也工工整整。

那时北京天热，太阳暴晒，我的脖子被晒伤，红了一圈。李老师和他夫人见状，连连向我推荐他们自己泡的一款药酒，说用这药酒涂抹准见效。我涂了之后，不出两天，晒伤处开始蜕皮，随后痊愈。

2. 治学严谨的裘小龙

认识裘小龙先生始于“双子座文丛”的《舞蹈与舞者》。该丛书以原创作品和翻译作品相结合的方式，展现作译者的文学素养。裘小龙先生是一位既能写诗又能翻译诗歌的诗人、翻译家。他定居海外，开始时我与他都是通过电子邮件联系的，粗略算了一下，两年时间里我们往来的邮件有一百五十封之多，内容大都围绕书稿内容的商榷，以及选题组稿等事宜。

只有与作译者保持良好且有效的沟通，才能对书稿的打磨有共识。比如我们 2021 年推出的《第二次来临——叶芝诗选编》，该书最初的选题名叫《叶芝诗全集》，裘先生在与我就书稿内容进行沟通的过程中，又常称其为《叶芝诗选》或《叶芝诗集》，这使我疑惑。出清样前，我便与裘先生商量选哪个名称做书名更合适。裘先生认为叫“诗全集”并不准确，因为叶芝的诗歌非常庞杂，即使是同一首诗，叶芝自己往往也不断修改，导致版本很多。这些不同版本的作品体量很大，没有必要全部译出，因此叫“诗集”更准确些。

○ 《第二次来临——叶芝诗选编》

后来我经过市场调研，发现国内书市上叫《叶芝诗集》《叶芝诗选》的图书很多，比如傅浩有《叶芝诗集》，袁可嘉有《叶芝诗选》，而这几位也都是非常有名的翻译家、叶芝诗歌研究者。所以我与裘先生商量能否避开这类书名，而选用叶芝的代表作《第二次来临》做书名。一则这首诗相对集中地体现了叶芝的象征主义体系，具有代表性；二则喻指裘先生翻译的叶芝诗歌第二次在漓江出版社出版。裘先生欣然接受。

之后我又考虑到《第二次来临》虽然被誉为20世纪最有名和最具影响力的文学作品之一，但恐怕不似叶芝的另一首代表作《当你老了》那么为国内一般读者所熟知，因而建议加一个副标题“叶芝诗选编”。之所以用“诗选编”而不是单纯的“诗选”，是因为我知道裘先生在翻译叶芝诗歌时，不仅是有选择性的，还按大致的时间顺序做了编排。

书名敲定后，我又与裘先生商量：既然我们做了选与编的工作，就应该将这些工作更直观地体现出来，以便读者更好地了解我们这样做的原因与目的。于是，裘先生非常用心地写了一篇文章，叫《叶芝诗选编中的思考》，放在原译本前言之后、正文之前；同时在目录上做了划分，将所选的叶芝诗歌分为五个阶段，内文则以辑封的形式隔开。这样就避免了两百余篇诗歌一溜儿排下来而显得没有章法、结构不清，这种层次上的明晰化更易于读者接受。

3. 既是译者也是朋友的一熙

大概是在 2016 年，前辈沈东子交给我一部稿子，那是福克纳的长篇处女作《士兵的报酬》，译者是一熙。沈老师叮嘱我说一熙是个“怪人”。我心里咯噔一下，就怕“怪人”难打交道。后来没多久，一熙在社交媒体上发了一张在医院产房外的照片，原来他喜得千金，从此他便开启了晒娃模式。他如此珍爱他的女儿，作为责编的我想，多关心问候他的女儿或许会比问候他本人更能拉近关系吧。果不其然，一聊起他的女儿，他就难掩“老父亲”的宠溺。随着家长里短闲聊的增多，我和一熙的交流越来越顺畅。《士兵的报酬》于 2017 年出版，获得当年的集团优秀出版物和“广西好书”等荣誉。

之后几年我们虽然没有再合作，但联系并未中断。他偶有选题思路也会与我商量。有一次，他提出想要翻译福克纳的短篇小说集，问我是否有意向。我们早已将福克纳短篇小说集纳入选题计划，而且已请其他译者翻译。我把我们在制的篇目发给他，请他核对他想要翻译的篇目是否与之重合。他看过之后表示，确实已经收录了他本想翻译的篇目。最后这个选题只能作罢。

又过了一段时间，一熙问我伊夫林 · 沃的短篇小说全集怎么样。我一听，立马来了兴趣。我在大学期间就看过伊夫林 · 沃的《旧地重游》，连根据图书改编的电视连续剧《故园风雨后》也从头到尾看了，觉得很美，很“英伦”，很有腔调。入职漓江出版社后，我也当过伊夫林·沃的长篇小说《衰亡》的责编。因此种种，我对伊夫林 · 沃还是有些偏爱的，所以当一熙提出想要翻译他的短篇小说全集时，我自然欣喜万分，立刻买了英文原版寄给一熙。那时虽然还没有申报选题，最后选题能否通过更是不得而知，但我想，即使最终做不成也没什么大不了的，那书就当是我作为朋友送给一熙的礼物。

公版书挤入市场确实困难，选题论证既要看社会效益，又要看经济效益。就我们之前出版的两部伊夫林 · 沃的作品来看，经济效益并不乐观，因而这部短篇小说全集的选题落地自然也就遇到了一些困难。出现转机，还有赖一熙，他在任教的学校那边申请了“外国语言文学市级一流学科科研项目”并入选。在我的“怂恿”下，他去向学校了解了项目经费事宜。几经周折，终于敲定了经费一事，这对社里和我本人而言，都减轻了一些压力，选题也因此顺利通过。

（三）品牌的塑造少不了美的形态与好的宣传

作为开放性丛书，“诺贝尔文学奖作家文集”不断有新品种加入，那么封面装帧设计和内文版式、体例的统一就是保证丛书整体面貌、风格统一的前提。该丛书封面的几个必备要素，如丛书 logo、作者头像、作者手写体签名、名家评论等，是美术编辑和文字编辑共同努力完成的，也是经得住市场检验的；内文体例，如出版说明、插页、作家作品、译本序、附录等，经过策划编辑和责任编辑的不断调整也达到了较完备的状态。当然，我们也不能故步自封，几年前读者喜欢的内文版式，现在可能被认为过于死板，所以我们也会适当做一些调整，使版面设计更符合当下读者的审美。

线下和线上的宣传也是不容忽视的环节，宣传的目的当然是为了让更多读者看到图书。2018 年北京图书订货会期间，我们以“执子之手：我与漓江的不了情”为主题，举办了关于“诺贝尔文学奖作家文集”的座谈会，邀请《枉然的柔情》译者胡小跃、《汉学研究》副主编周阅作为嘉宾与我社总编辑张谦对谈。胡小跃是第二届傅雷翻译出版奖获得者；周阅是北京大学文学博士，北京语言大学教授、博士生导师，专业方向为东亚文学与文化关系、日本中国学。一位译者，一位评论家，一位出版人，三人的座谈为读者奉上一场关于经典阅读的盛宴。

2021 年 4 月 23 日——世界读书日，在漓江书院、漓江出版社营销推广

○ “巨匠与杰作：‘诺贝尔’之夜”宣传活动

部等同事的大力支持下，我们展出了“诺贝尔文学奖作家文集”的各个版本，同时举办了名为“巨匠与杰作：‘诺贝尔’之夜”的宣传推广活动，邀请著名出版家刘硕良，广西大学艺术学院硕士生导师、作家田耳出席活动。漓江出版社中外文学编辑部的四位编辑，在活动中从不同角度介绍了这套丛书的出版概况。活动形式活泼，现场气氛热烈，取得了较好的反响，加深了读者对该丛书的认识。

三、严格要求自己，夯实编辑基本功，保障图书编校质量

我想以引进版图书《魅力人生——菲利普·沙逊的非凡世界》（以下简称《魅力人生》）为例，讲讲在编辑翻译类图书时应该注意的几个问题。

○《魅力人生——菲利普·沙逊的非凡世界》

（一）节约成本的同时，解决版权问题

《魅力人生》是国际知名的沙逊家族的后人菲利普·沙逊的传记，作者戴米恩·柯林斯是英国保守党政治家、下议院议员。原著中有很多图片，且并不包含在我们购买的版权中。要想买齐所有图片的版权很困难，一是不同图片的版权归属不同，二是费用不低，定会增加图书成本。但是一部传记也不能一张图片都没有，于是我们只能求助译者。

译者黑爪定居海外，与柯林斯有邮件往来，她通过柯林斯获得了沙逊后人的授权。这些授权给我们免费使用的，也只能是原著中版权归他们自己所有的部分图片。为了能使用这部分图片，我们在往来沟通中也遇到不少麻烦。首先，沟通经过了好几个人，而且都是邮件往来，并没有更正式的书面授权文件。总编室为了避免不必要的版权纠纷，提出希望对方能提供书面授权的要求。这个“对方”是谁？首先想到的当然是沙逊的后人。但是据译者所说，作者柯林斯这几年忙于政务，要麻烦他去向沙逊的后人要书面授权，恐怕会节外生枝，毕竟沙逊的后人也是个侯爵；再则电子邮件在国外都具有法律效力，她不理解为什么到了我们这里就行不通。

我把这个情况反馈给总编室，总编室又提出，那能否请译者提供一个书面授权。我虽知道这是个无理的要求，但也理解总编室想要尽量规避风险的出发点，于是硬着头皮去与黑爪商量。黑爪听后果然很气愤地说：“你们肯定知道，译者是没有版权的。”她也只是尽力想为出版社节省一些版权费，所以才主动去找作者，请作者帮忙要到了沙逊后人的授权。现在出版社却想把风险转移到译者身上，她当然不答应。

事情发展到这一步，我进退两难，只好向领导汇报，同时咨询了社里的法律顾问，得知邮件往来在国内同样具有法律效力。于是经领导指示，我保存好黑爪转发来的邮件，书中正常使用沙逊后人授权的图片，并在书中声明：本译本中所有图片，版权皆为沙逊后人大卫·罗克萨维奇，乔蒙利侯爵所有，经其授权在此使用。至此，《魅力人生》一书的图片使用问题才算解决了。

（二）认真、专业的态度是消除误会的良药

《魅力人生》的图片版权问题虽然解决了，但是我知道，译者也因此事对我，甚至可能对漓江出版社，产生了一些误会。误会能不能消除，直接关系到我们后面是否能合作。口头的赔礼道歉于事无补，只能用实际行动让译者看到我们认真、专业的态度，重新建立起相互信任的关系。作为责编，我的认真、专业自然首先要体现在对书稿的打磨上。

第一，发现表达不当、逻辑不通的语句，对照原文，提出修改意见。

面对名家名作，编辑不能迷信权威，要善于发现问题，敢于提出问题和解决问题的方法。而面对引进版图书，特别是青年翻译工作者翻译的作品，编辑更要时时刻刻保持警惕，一方面严格把好意识形态关，另一方面利用已有的知识储备，发现翻译方面、字词方面的差错。

受时间和精力所限，编辑不可能每部翻译书稿都对照原版图书逐字逐句审阅。这就要求编辑在充分相信译者翻译能力的前提下，善于利用自己的逻辑思维能力，发现逻辑不通、语义不当、不符合中文表达习惯的字、词、句，

再对照外文原文理解原意，给出合理的修改建议并与译者商榷。例如：

而穿校服这件事，除了那些有特殊颜色的宿舍，或者高年级的孩子，在那一时间前都不能视作“完成”。于是我们从早到晚地瑟瑟发抖……

这句话非常费解，我对照原文后发现，原文是：since the wearing of great coats was something not ‘done’ except by boys who had house colours or Upper Boats，we shook and shivered from early school till dinner at two o’clock... 这里显然是想说他们那时候除了某些群体，是没有 great coats（校服或大衣）的。联系上下文，great coats 译作“大衣”更合适。经与译者商量，最后改为：“除非那些被授予了特殊颜色的宿舍，或者高年级划船队的男生，其他人一般是不适合穿大衣的。于是我们从早到晚地瑟瑟发抖……”

又如：

被谈论最多的装修特色，当属被建筑包围的中心庭院中摩尔风格的那个小院子，这极有可能源自沙逊游览阿尔罕布拉宫时所得来的灵感。穿过一个电动的推拉玻璃门，来到房子中央主楼梯的第一级平台，就可来到这个院子。

其中，“穿过一个电动的推拉玻璃门，来到房子中央主楼梯的第一级平台，就可来到这个院子”一句的逻辑不通，穿过推拉门之后，怎么能既来到房子里主楼梯的平台，又来到院子里呢？对照原文：It was to be accessed from the first half-landing of the main staircase at the centre of the house through a sliding plate-glass electric door. 翻译的失误是由英文长句式、多修饰语以及与中文语序不同造成的，这句话的正常理解应该是：从房子中央主楼梯的第一级平台，穿过一个电动的推拉玻璃门，就可来到这个院子。与译者商榷后，这几句改为：被谈论最多的装修特色，当属被建筑包围的中心庭院中摩尔风格的那个小院子，这极有可能源自沙逊游览阿尔罕布拉宫时所得来的灵感，可通过房子中央主楼梯第一级平台上的一个电动推拉玻璃门进入。

第二，对语义、指向不明，容易引起歧义的语句，提出合理的修改意见。

译者在翻译过程中，由于选择的中文词语不当，有时会造成语义、指向不明的情况，甚至产生歧义。责编要做的是消除歧义，让语义、指向明确化，这样读者阅读时才不会费解。例如：

正是通过这种方式，他们辅佐了约翰·弗伦奇爵士的下台，迫使阿斯奎斯首相将保守党引入政府。

这里的“辅佐”使用不当，在中文表达习惯里，可以说辅佐别人上台，而不说辅佐别人下台。但英文似乎并不做区分，原文是“they had helped to bring down...”使用的是“help”一词，在这里应该是指他们的行为导致了约翰弗伦奇的下台。与译者商榷后将“辅佐”改成“协助促成”。

又如：

诺斯克利夫希望**他**在意大利度假期间，菲利普能与**他**保持联系，并告诉**他**通过英国驻罗马大使馆以及**他**在伦敦的政治顾问乔弗瑞·罗宾逊来传递信息。

这句话里出现了四个“他”，所指的却有两个人，容易产生歧义，给读者带来困扰，与译者商榷后改为：诺斯克利夫希望，在自己去意大利度假期间，菲利普能与他保持联系，并告诉菲利普通过英国驻罗马大使馆以及他在伦敦的政治顾问乔弗瑞·罗宾逊来传递信息。这样，句中的“他”就很明确地指向整句话的主语——诺斯克利夫。

第三，为读者考虑，使用更符合中文读者阅读习惯和认知的语词。

由于文化和语言表达的差异，某些外文读者能理解的事物，对于中文读者而言却很费解，为了保证译文对原文的忠实度，我们可以采用做注释的方式加以说明。比如某些词的缩写：

在爱尔兰，抵抗英国统治的独立战争在整个1920年一直在恶化，11月21日因报复英国情报人员在当天一早被IRA谋杀，皇家爱尔兰警队在都柏林柯罗克公园射击无辜游客的事件后，更是进入了危急关头。

其中，IRA是Irish Republican Army的缩写，即“爱尔兰共和军”，对中文读者而言，突然冒出来的缩写令人费解，所以就需要做注释。

再如：“他不知道D想找他谈什么。”这里的D是人名的缩写，英文读者因为有上下文支撑，能够轻易知道D所指代的人，但中文读者不然，所以在第一次出现这种缩写时，也需要做注释。

还有一些生僻词，指代只存在于某地的特定事物，中文词汇中暂时没有与之相对应的词语，这时候译者会采用音译的方法。但是对于音译的词，中文读者的脑海中也是没有概念的，不能联想到事物本身，这时也需要做注释。如“我发现他们管沽筏这么叫”，汉语中没有“沽筏”一词，这是原文guffa的音译。与译者商榷后做了注释：沽筏（guffa），一种既可载货亦可载客的船，用最经济的材料制成以运输尽可能多的货物——这一点很重要，因为在底格里斯河上，它经过一次长途跋涉后常被遗弃。

四、多学、多问、多实操，不断拓宽知识面，打造精品图书

责任编辑在明确前进方向、打好基本功的前提下，要对图书编辑出版的各环节怀有一颗好奇、好学的心，要不断拓宽自己的知识面，对书稿成书过程了然于心；也要常与美术编辑沟通，传递有效信息，便于美术编辑设计出符合图书调性的封面和内文版式；还要多向印制部同事请教，对图书印制程序、工艺，甚至工价等，做到心中有数。

近年来，我们编辑团队除了致力于外国文学的出版，还把目光聚焦在国内原创选题的挖掘上。“美丽南方文学书系”初试牛刀；“中国故事原创文学丛书”入选广西当代文学艺术创作工程三年规划项目；长篇报告文学《大桥》入选中宣部主题出版重点出版物选题，获广西“五个一工程”奖，入选各类榜单、各类荐读书目。

2021 年，漓江出版社和接力出版社联合打造的重点项目《虎犊》，是一部讲述少共国际师的青少年红军战士勇敢成长、无畏牺牲的故事的长篇历史革命题材小说，献礼中国共产党成立一百周年。对这一重点项目，我们编辑团队更是倾注了大量心血，从前期陪同作者实地走访采写，到创作过程中收集各方意见供作者参考、修改，到编校审过程中不遗余力严格把关，到版式、封面设计阶段与美术编辑不断沟通，再到印制环节与印制部同事不断协商，最后到入库上架、营销宣传等，一路走来，虽然辛苦但也很踏实。

（一）与美术编辑进行有效沟通是保障图书装帧设计符合图书调性的前提

《虎犊》封面一稿出来的时候，方方面面都觉得不满意。封面主图是一群举着刺刀或长枪的士兵，似乎呐喊着准备冲锋，颜色是朱红色；背景图里

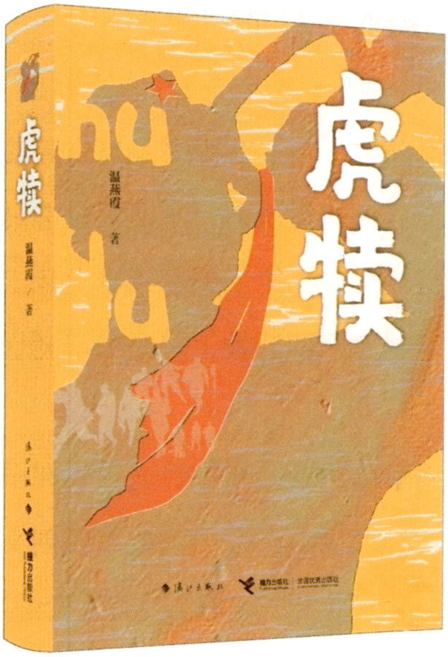

○《虎犊》

有一顶浅灰色的军帽；书名“虎犊”二字的颜色与主图颜色一致。

我们收集到的意见主要有两条：一是书名字体过于枯瘦，暮气太重，没有少年人的蓬勃朝气，与“虎犊”内涵不匹配；二是士兵们高举过头顶的刺刀或长枪过于凌乱。我把这些意见转达给美术编辑，希望他能重新设计。

《虎犊》封面二稿出来的时候，果然完全不同于一稿。封面主色调是橙黄色，主图是一个吹响冲锋号的年轻士兵，被处理成红岩雕塑般的观感，很有年代感，而且与内文插图相呼应；主图上叠了几个冲锋陷阵的士兵，形体较小，颜色偏灰；书名“虎犊”二字浑圆质朴，有一种虎头虎脑的感觉。看到这个方案的时候，我眼前一亮。

但同时仍存在一些问题：整个封面没有一点红色，不符合主题；吹冲锋号的年轻士兵戴的帽子，看不出来是红军帽；红岩雕像的色彩可以处理得更斑驳一些……

美术编辑听取建议后，在红军帽上加了一颗红五星，在冲锋号上加了一根红飘带。那飘带像火焰，象征少年热血；也像大刀，象征红军战士无畏的精神。除了这两处红色元素，原来白色的书名也被改成了红色，这样就导致红色元素过多，反而使红五星和红飘带这两处点睛之笔难以凸显。于是我又建议把书名改回白色。

经此种种，《虎犊》最终呈现出来的效果是令人满意的。

（二）多向印制部同事请教，让图书以最好的形态呈现

《虎犊》在下厂付印时，还出现了一点小插曲。该书封面有两处工艺，一处是书名击凸，另一处是红五星和红飘带烫印，这两处工艺稍不留神就会产生偏差，使效果大打折扣。刚开始我们选择的烫材呈现出来的效果很透，能看到被烫材覆盖的图案，而且烫的位置也不精准，这当然不行。于是我们在看过手工样书之后，马上做了调整，一是调整了烫版位置，二是另外选择了两种烫材，然后请印厂发来不同烫材的烫印效果，最后才选定了用料。

在内文的印制方面，也遇到一些问题。《虎犊》内文除了文字部分，我们还专门请画家为里面的一些经典场景画了插图，紧随文字描述插于其后，单独成页。我们最初的设想是，文字部分单黑印刷，插图页双色印刷，因为是平装书，我们认为即使插图页前后的文字页不成整数印张应该也没问题。不承想，下到印厂后，印厂工人告知我们，因为印量大、插页多，手工插入插页非常耗时，难以在我们计划的时间出书，不如全书双色印刷，但这就意味着印刷成本的提高。

编辑团队和印制部同事立马协商，由印制部估算出两种印制方式的成本差异以及各自工期，报由领导决定。我们最后采用了全书双色印刷的办法，虽然印刷费用提高了，但是相较于前一种需要人工插入插页的做法，降低了装订成本，两种方法在印刷和装订的总费用上相差不多。而且全书双色印刷还能在装订环节上节省大量时间，保证按时交书。

都说编辑是个杂家，因为编辑不光要有过硬的文字功底、丰富的专业知识储备，还要懂得如何与作译者、编辑出版各环节人员进行有效沟通，建立长期稳定的友好关系，更要掌握装帧设计、印刷装订等与出版相关的基础知识。

最后，如威廉斯在《什么是编辑？》中所说："无论如何，编辑人仍将沉浸在编辑工作所带来的欢乐与悲伤、满足与挫折之中，希望他们在幕后的默默努力会为即将诞生的图书带来确实的改变。"

（本文作者系漓江出版社中外文学编辑部主任）

地方特色资源出版大有可为

——谈谈民族医药图书出版品牌打造的点滴

罗熤涛

选题资源是一个出版社的立社之基、生存之本、发展之道，是出版社赖以生存和发展的支柱。中国地域广大，地理环境各异，有五千年的文化底蕴，有丰富多样的地理资源和独具特色的地方文化，这些都是取之不尽、值得深入挖掘的出版资源。对于人文历史、地理环境、风土人情、民族文化等地方特色资源，地方出版社近水楼台，有地缘优势、人才优势，只要独具匠心地深入挖掘、精心策划，就能找到一条适合自身打造出版品牌、做大做强的康庄大道。

一、地方出版社要守好地方特色资源这座富矿

（一）地方特色资源是出版选题的富矿

地方特色资源是指某个特定的地域在长期的历史进程中所形成的有别于他地的独具特色的区域性资源，具备差异性、唯一性、代表性三个特征，可以分为自然资源和社会资源。其中，自然资源包括自然风光、自然遗产、动植物资源、矿产资源等；社会资源包括历史文化、风土人情、工农业文明、地域精神及反映这些精神的文物、馆园和人物等。

地方特色资源大多是别处没有的或少有的，以此为题材策划的选题很容易成为国家级的重大选题。从近年来的国家级图书奖获奖名单、国家重点出

版物规划项目、国家出版基金项目来看，特色资源相关的项目并不少。比如，广西科学技术出版社的“十二五”国家重点图书出版规划项目、2012年度国家出版基金项目、第五届中华优秀出版物奖图书奖图书《中国南亚热带蚕丝学》，“十三五”国家重点图书出版规划项目《广西少数民族医药文库（第一辑）》、国家出版基金项目《中国壮药原色鉴别图谱》《广西壮语地名集》等；甘肃科学技术出版社的国家出版基金项目《河西走廊沙尘源区生态环境治理研究》；云南教育出版社的第五届中华优秀出版物奖提名奖图书《云南少数民族叙事长诗全集》；广西民族出版社的第六届中华优秀出版物奖提名奖图书《邕州老戏——邕剧》、国家出版基金项目《广西铜鼓（上下卷）》；贵州科技出版社的“十三五”国家重点图书出版规划项目、国家出版基金项目“贵州民族药物彩色图谱丛书”（包括苗族、布依族、侗族、水族、仡佬族5个少数民族的常用药物）；等等。由此可见，地方特色资源既丰富又独特，是出版选题的富矿，只要前期深入调研，精心策划，就很有可能收获“双效”显著的重大出版项目。

（二）地方出版社挖掘地方特色资源选题的优势

地方出版社的第一块富矿就在自己的脚下，可以说，深耕地方特色资源对于打造地方出版品牌至关重要。地方特色资源因其差异性、唯一性、代表性，使得相关联的选题具有地域性、独特性、排他性的特点，从而可以避免选题重复，有利于出版社的品牌建立。更重要的是，地方出版社在挖掘地方特色资源选题方面有得天独厚的优势。

1. 作者资源和选题资源优势

近水楼台先得月，地方出版社对当地的科研发展、经济发展、特色资源等比较熟悉，在对接作者（如当地党政机关、企事业单位、科研机构、高等院校、社团组织等）和选题资源上有地缘优势，获取选题信息快捷，选题调研方便。同时，本土的作者与地方出版社也更容易在共同的文化理念下擦出火花，催生地方出版精品。只要出版社放下身段，改变那种足不出户、让作者找上门来的工作做派，主动深入本地社会生活中，主动深入服务当地经济社会的发展，认真了解市场的需求，就会在地方特色资源中寻觅到大量具有出版价值的好选题。

2. 政策和资金优势

地方出版项目与当地政府当前甚至今后的工作重点一致，直接或间接服务于当地政府的各项工作，对推动地方经济社会的发展有较大的促进作用，并且符合当地的扶持政策，更容易获得当地政策和资金的支持。例如，在脱贫攻坚战的政策支持下，广西科学技术出版社与漓江出版社共同打造的《广西农家百事通》扶贫扶志扶智项目获得政府的出版资助，不但助推脱贫攻坚，而且给出版社带来了可喜的“双效”，并积累了丰富的出版资源。地方政府的扶持政策，往往能让出版项目产生更大的社会影响力，既有利于出版社打造出版品牌，又有助于出版社稳固地方市场、创造“双效”。

地方出版社要充分利用地缘优势和地方特色资源，以积累传承本地文化、促进本地科技成果转化、建构具有本地特色的文化体系、服务本地经济社会发展为己任，把当地人民创造的灿烂文化挖掘出来，载入书籍，传播出去，变成人类共同的精神财富。

二、广西科学技术出版社民族医药出版品牌的打造

（一）打造品牌的时机比较成熟

民族医药是具有传统性、地域性和民族性的一种稀缺医疗资源。进入 21

世纪，特别是党的十八大以来，党中央和国家把中医药和民族医药工作摆在更加突出的位置，出台了一系列政策法规大力支持民族医药的发展，如 2016 年国务院出台《中医药发展战略规划纲要（2016—2030 年）》，2018 年国家中医药管理局等部委局联合下发《关于加强新时代少数民族医药工作的若干意见》，2019 年中共中央、国务院出台《关于促进中医药传承创新发展的意见》，等等。中国的民族医药事业迎来了一个蓬勃发展的时期，在各方面都取得了优异成绩，在国际市场上产生了一定的影响。例如，藏药、苗药、彝药、蒙药、傣药等发展迅速，西藏药业、奇正藏药、三普药业、云南白药、贵州百灵等民族医药生产企业不断发展壮大，为民族地区的经济社会发展做出较大的贡献。尽管广西的特色民族医药还处于发展阶段，未能得到科学系统的挖掘和整理，目前还没有形成有一定规模的民族医药产业，但是民族医药相关研究取得了阶段性成果，亟须收集整理出版，以更好地服务群众、促进社会经济的发展。同时，2016 年出台的《广西中医药壮瑶医药发展“十三五”规划》《广西中医药壮瑶医药健康服务发展规划（2016—2020 年）》、2020 年印发的《关于促进中医药壮瑶医药传承创新发展的实施意见》《广西壮族自治区中医药民族医药事业传承与发展补助资金管理暂行办法》等政策文件落地，大力推动对以壮瑶医药资源为主的民族医药的发掘研究和开发利用。此外，随着生活水平的日益提高，人们越来越重视“回归自然”和“绿色疗法”等养生理念。这些都为广西科学技术出版社打造民族医药出版品牌带来了千载难逢的良机。

（二）民族医药出版品牌打造概况

近 20 年来，广西科学技术出版社利用得天独厚的地域优势，积极对接地方民族医药资源，策划出版了一系列壮族、瑶族、毛南族、京族等民族医药和传统医药类图书。其中，重点打造了“中国壮医药文库”（截至 2021 年已出版图书近80种，包括品牌创建之前出版的图书35种）、“中国瑶医药文库”（已出版图书10多种）子品牌，以及“广西少数民族医药文库”、“壮瑶药现代研究丛书”、“中国－东盟传统医药文库”、“广西民族医药验方丛书”、中国－东盟传统医药全媒体出版平台等多套系民族医药图书和数字平台。

经过多年的深入挖掘、整理和出版，广西科学技术出版社的民族医药出版板块取得了较好的社会效益，部分图书入选重点出版规划项目、获国家出版基金资助、获省部级以上奖项。其中，《壮族医学史》获第四届国家图书奖提名奖、第四届中国民族图书奖一等奖、第九届桂版优秀图书奖特别奖；《中国现代瑶药》获国家科学技术学术著作出版基金资助，并入选第三届“三个一百”原创出版工程；入选“十三五”国家重点图书出版规划项目的《广西少数民族医药文库（第一辑）》，以及国家“十三五”少数民族语言文字出版规划图书增补项目《中国壮药原色鉴别图谱》均获得国家出版基金资助，《广西少数民族医药文库（第一辑）》获中华人民共和国成立70周年科技出版十件大事暨2019年出版百种科技新书；《京族医药》《壮医针灸学》《壮药选编》获中国民族医药学会学术著作奖一等奖；《壮药选编》《壮瑶族养生药膳本草》《壮医药》分别获2020年、2021年、2022年广西十佳科普读物大赛一等奖；《中国壮药图鉴》《实用壮医药》等多种（套）图书获得中国西部地区优秀科技图书奖一等奖；《中国瑶医药文库（第一辑）》、《壮医治疗学基础》和《壮医药简明读本（壮汉双语）》入选“十四五”时期国家重点出版物出版专项规划项目。2014—2022年，20多个民族医药图书出版项目入选国家民族文字出版项目库并获得民族文字出版资金资助。

系列民族医药出版子品牌的打造和建设，擦亮了广西科学技术出版社民族医药出版的招牌，为后面系列图书的出版及相关平台的建设积累了丰富的作者资源，奠定了重要的内容基础；基本摸清了广西民族医药的“家底”，客观反映了广西民族医药事业发展的现状，为不断形成并完善民族医药独特的理论体系、临床体系和应用体系，进一步提升广西中医药民族医药的整体实力和竞争力，加快广西中医药民族医药的发展，为广西中医药民族医药的专业化、产业化、规模化发展提供强大的理论支撑和技术支撑。

（三）子品牌的打造和尝试

在民族医药出版品牌的建设过程中，我主要负责“中国壮医药文库”“中国瑶医药文库”“壮瑶药现代研究丛书”以及《壮瑶药研究》等子品牌的建设。其中，“中国壮医药文库”是在已有图书的基础上创立的子品牌；“中国瑶医药文库”则是参照“中国壮医药文库”子品牌建设的成功经验，先创立品牌再进行规划建设；《壮瑶药研究》则是对连续性出版图书的尝试。

1.“中国壮医药文库”子品牌——积累成就品牌

“中国壮医药文库”子品牌是在壮医药类图书已经有一定出版规模的基础上创建的，主要包括壮医理论研究、壮医药诊疗技术、壮医药图谱图鉴、壮药材质量标准、壮药现代研究、壮医药壮文读物、壮医药历史与文化、壮医专病临床研究、壮医药养生保健、壮医药资源应用与开发、壮医药传承人、壮医药辞典、壮医药占籍与文献、壮医医师执业考试用书等方面的图书出版。其中，比较成熟的板块有壮医药诊疗技术、壮医药图谱图鉴、壮药材质量标准、壮药现代研究、壮医药壮文读物等，而壮医药辞典、壮医药古籍与文献、壮医医师执业考试用书出版目前还处于空白，是今后品牌建设的主要方向。

“中国壮医药文库”子品牌建设历程主要分为零星出版、初见规模、创建和夯实品牌三个阶段，预计到2023年出版图书达到90种。

（1）零星出版阶段（2005年以前）。广西科学技术出版社民族医药类图书出版始于陈勇辉策划的《壮族医学史》（1998年出版）一书。这本书被誉为“壮医发展史上的里程碑”，1999 年荣获第四届国家图书奖提名奖、第四届中国民族图书奖一等奖，一举奠定了广西科学技术出版社民族医药图书出版品牌的基础。

○ “中国壮医药文库”logo

（2）初见规模阶段（2006—2016 年）。其间，我社主要出版了壮医药诊疗技术、临床应用、学科研究、壮药标准等方面近 30 种图书，逐步形成出版规模，社会影响力不断扩大。但是也存在问题，如作者团队不稳固，其相关著作分散在各个出版社，难以形成出版品牌；图书品牌意识不强，多个编辑室参与出版壮医药图书，没有整体规划，品种比较零散，装帧设计不统一等。

（3）创建和夯实品牌阶段（2017 年以后）。2016 年 9 月，新的社领导班子特别重视对接和挖掘地方资源，致力打造地方出版品牌，部署构建“中国壮医药文库”子品牌。2017 年，广西科学技术出版社组建编辑团队，不断完善作者团队，整体设计子品牌（如搭建内容框架、设计 logo、统一装帧形式等），并部署了 2018—2023 年五年出版计划。2018 年，该品牌建设列入广西出版传媒集团重大出版项目规划。

2.“中国瑶医药文库”子品牌——全新规划品牌

“中国瑶医药文库”是根据“中国壮医药文库”子品牌成功打造的经验策划的，先做好整体品牌设计，然后再按照品牌规划进行选题策划出版。在品牌创建之初，我们就对整个文库的 logo、图书品种构成、作者团队的组建和出版板块及规模等进行了整体的规划，囊括瑶族医药史、瑶医理论研究、

中国瑶医药文库

○ “中国瑶医药文库”logo

瑶医药特色诊法和疗法、瑶医药临床应用、瑶药现代研究与应用、瑶医药历史文化、瑶医药养生保健、瑶族民间技法和验方、瑶医药传承人等不同专题系列。其中，“十四五”期间，广西科学技术出版社将重点打造第一辑10册图书，具体包括《中国瑶族医药史》《中国瑶医药学》《中国瑶医医道》《中国瑶医目诊学》《中国瑶药现代研究》《中国瑶医特色诊法和技法》《中国瑶医风湿病学》《中国瑶医优势病种诊疗》《中国瑶药原色鉴别图谱》《中国瑶医油针疗法》。

3.《壮瑶药研究》——连续性出版图书的尝试

《壮瑶药研究》（已出版6期）以连续性出版图书的形式，集结壮瑶药相关研究的学术文章进行出版；以强化壮瑶药研究学术特色、突出科研质量为核心，为壮瑶药学科开展交叉科学研究提供成果展示平台。该项目的主编是壮瑶药协同创新中心主任、广西壮瑶药重点实验室主任朱华教授。朱华教授带领的壮瑶药团队自1988年开始就对壮瑶药开展系统研究，该团队是最早研究壮瑶药的团队，目前在壮瑶药研究领域亦取得了丰硕成果。

《壮瑶药研究》的推进并非一帆风顺，在书名确立、内容板块确定、装帧设计等方面都经历了一些波折。一开始，作者要求图书要按照杂志的要素和风格来设计，并找了市场上类似的案例试图说服我。我多次与作者进行沟通，耐心解释图书与期刊的区别，普及出版物相关规定，甚至与作者有过激烈的争论，但是仍说服不了作者，项目也因此中断了几个月。道路是曲折的，前途是光明的。经过近半年的坚持和不断的沟通，作者最终同意按照图书出版的规定来操作，书名由《壮瑶药研究季刊》改为《壮瑶药研究》，把封面和编委名单的设计中与期刊相关的元素去掉，按照图书的形式进行设计。编辑团队对出版原则的坚持、积极的沟通以及坚持不懈的努力，终于让该项目得以顺利推进。

○《壮瑶药研究》

三、重点出版项目《中国壮药原色鉴别图谱》的打造

《中国壮药原色鉴别图谱》（5分册）是一套基于壮族地区丰富的天然药物资源、用壮汉双语整理编写的实用工具书，入选2018年国家“十三五”少数民族语言文字出版规划图书增补项目、2020年国家出版基金项目。该项目于2017年下半年策划，2018年3月申报国家“十三五”少数民族语言文字出版规划图书增补项目，2020年6月申报国家出版基金，2020年11月出版发行。项目从选题策划到完成出版历时3年半，这也是我从事编辑工作以来第一次负责大型出版项目。在项目实施的过程中，我切身体会到项目实施的艰辛，但同时也收获很大。

（一）选题策划

1. 选题定位

选题定位非常关键，是整个项目的源头，而选题定位是否准确关键在于前期调研。首先，对支持中医药民族医药事业发展的政策进行系统梳理和深入研究，弄清楚政策扶持的重点方向。其次，认真梳理广西区内外尤其是少数民族聚居地区的民族医药类图书出版情况。具体来说，一是调查市场上相关出版物的情况；二是重点对科技类出版社“十二五”“十三五”国家重点出版规划项目、出版基金项目、获国家级奖项图书进行梳理分析。如贵州科技出版社的《贵州民族药物彩色图谱丛书》入选“十三五”国家重点图书出版规划并获得国家出版基金资助，内蒙古科学技术出版社的《蒙医学新论》获国家图书奖提名奖，福建科学技术出版社的《阴山中蒙药资源图志》《中国冷背药材清源图鉴》《中国药用植物原色图鉴》等多种中草药图类图书获国家出版基金。经过调查发现，地方特有的民族医药资源选题更容易入选国家重点出版规划项目和国家出版基金项目。最后，对少数民族地区尤其是广西的民族医药类图书进行深入的分析，寻找选题空白点、薄弱点，并结合目前国家对民族医药的扶持政策，最终确定了选题的定位：出版一套基于壮族地区丰富的天然药物资源、用壮汉双语整理编写的壮药材鉴别工具书。

在确定选题名称方面也是煞费脑筋。部门的全体编辑共同出谋划策，选题名称经历了《壮药图谱》—《壮药鉴别图谱》—《壮药原色鉴别图谱》—《广西壮药原色鉴别图谱》—《中国壮药原色鉴别图谱》的不断修改和完善的过程。最终的选题名称《中国壮药原色鉴别图谱》能简洁明了地呈现内容，并且用“中国”二字画龙点睛，因为壮药是壮族地区的习用药材，而且广西是中国壮族人民的主要聚居地，广西壮药的发展水平代表着中国壮药的发展水平，所以“中国”二字极大地提升了选题的高度。

2. 作者遴选

作者是选题的具体执行者，其水平高低与选题能否高质量完成息息相关，找到合适的作者至关重要。该项目是图谱鉴别类图书，不但对壮药材原植物（动物、矿物）等的形态特征、功用等做详细介绍，而且收集了不少验方，要求作者能在壮医理论、壮药研究、壮医临床三个方面代表国家最高水平。按照这个遴选要求，我们进一步搜集广西乃至全国民族医药类院校、医疗机构、科研机构等的专家资料，经过系统的对比分析，最后确定黄汉儒、黄瑞松作为项目的总主编。黄汉儒是壮医理论的奠基者、壮医主任医师，曾任中国民族医药学会副会长；黄瑞松是主任药师，曾任广西民族医药研究所所长，是国家中医药管理局重点学科民族药学（壮药学）的学科负责人。更重要的是，这两位专家主编出版了不少壮医、壮药方面的图书，有较强的组织编写能力和丰富的写作经验。于是，我在时任总编辑陈勇辉的带领下与两位专家见面组稿。黄汉儒、黄瑞松很愉快地接受了编写任务，并快速组建了由近 30 名壮医药、植物学、药学等方面的专家组成的编写团队。团队成员来自广西中医药大学、广西中医药研究院、广西民族医药研究院（后整建制并入广西国际壮医医院）、广西国际壮医医院等高校、医疗机构和科研单位。他们长期从事中医药民族医药的科学研究，有丰富的临床经验，是壮医药、中药学、植物学等领域的一流专家；他们学术造诣深厚，科研作风严谨求实，其研究成果代表了壮医药的领先发展水平，确保了项目学术方面的权威性、准确性及实践方面的科学性和适用性。

（二）组织编写

1. 内容设计

《中国壮药原色鉴别图谱》项目收录的壮药品种比较多，只有确定合适的品种后才能更好地开展编写工作。品种遴选的工作比较烦琐，经多次与主编和编写团队充分沟通后，最终定下品种遴选的原则：一是以壮族民间流传使用和有临床应用基础，并且能以壮医理论指导使用的植物药为主，也收录部分动物药、矿物药和菌类药；二是绝大部分为广西壮族地区分布的品种，小部分为外地栽培的品种。在这个原则的指导下，最终在超过 2000 种的壮药中确定拟收录 1100 种左右的壮药。

收录的品种确定后，又遇到了如何分册、分多少册的问题。作者团队中有的建议按壮药的功用来分册，有的建议按照壮药材基源科、属进行分册，有的建议按照壮药壮文名称字母的排序来分册，但按照这些想法尝试分册后发现都不符合每分册内容要均衡的编写思想。经过对同类图书的深入调查分析，最后确定以壮药中文名称的笔画由少到多进行排序，经过梳理，按照一画至四画，五画、六画，七画至九画，十画、十一画，十二画及以上分为 5 册，这样每分册的内容比较均衡，也便于查找。

2. 正文体例设计

正文内容的设计按理应该是作者的事情，但编辑也不能做甩手掌柜，因为编辑的介入能起到事半功倍的效果。作者团队很快就提交了正文的编写体例，我觉得还不够好，与市场上的同类书相比，并没有太多特色和优势。于是，我分析了市场上同类书的优缺点，并结合壮族地区的特色，以内容更全面、特色更突出、使用更方便为原则，将调查结果形成建议方案提交作者参考。经过多次的修改完善，明确了编写体例，即每个品种的细目包括壮药中文名、药材名、别名、来源、形态特征（形状特征）、生境分布、壮医药用（包括药用部位、性味、注意事项、功用验方）等，并附有原植物、动物、矿物等的高清彩色图片。此外，我还对图片筛选原则进行了统一规定。

（三）组织翻译

比较幸运的是，自 2014 年以来我一直在承担国家民族文字资助项目，已经积累了一些壮文翻译团队资源，所以在找翻译团队时就游刃有余了。我们很快就组建了由滕明新、兰小云、黄善华等 6 名资深壮文专家组成的翻译团队，他们翻译过多部壮医药方面的著作，在壮医药内容的翻译方面积累了丰富的经验，可以确保翻译如期完成。本以为翻译是比较顺利的环节，但还是碰到了不少硬骨头。一是常规的翻译做法无法体现民族文化内涵。如针对一些药名、功用术语等，如果只是简单地音译、意译、借词，达不到翻译准确的效果。为解决这个问题，翻译团队多次与作者沟通，并深入民间走访了解相关药材的习用名称和用法，尽量确保翻译得准确并保持壮族特色。二是同样的内容有多种译法。尽管在翻译前就召开会议对翻译工作进行了统筹部署，但是对专业术语和相关表述没有规定统一的译法，导致出现同一术语、病种、药材等译法不统一的情况，给后面的编校工作带来了非常大的压力。

（四）申报国家出版基金

2018 年 3 月，《中国壮药原色鉴别图谱》申报国家“十三五”少数民族语言文字出版规划图书增补项目并顺利入选，这给后面的编写工作提供了很强劲的动力，所以到 2020 年 6 月申报国家出版基金的时候，中文部分就已经发稿并完成了一个校次，壮文翻译也完成了超过 50% 的内容，已经满足申请国家出版基金对成稿率的要求。按以往的经验，项目一旦入选国家重点出版规划，获得国家出版基金的概率是很大的，所以决不能因为申报书填写出问题而错过。在填写申报材料时需非常谨慎，表述一定要准确到位，预算也要精准合理。我主要从选题价值、作者团队、出版价值、申报推荐人遴选等方面提升项目的高度，紧扣国家政策、现实意义、传承中华民族优秀文化遗产三个方面开展申报书的填写工作，提炼了该项目的三个重大意义：一是该项目是贯彻落实国家和广西关于促进少数民族医药事业发展各项政策的重要实践和重要成果；二是该项目真实反映了壮药资源的开发利用现状，有非常重要的历史意义和现实意义；三是壮药是中医药文化遗产，符合国家出版基金项目申报指南中关于“传承和发展优秀民族文化遗产”的资助重点和申报要求，符合传承发展优秀少数民族文化的需要，有助于加快继承和发掘中华民族的优秀文化遗产。此外，在经费预算方面，也是精打细算，确保每项费用都精准合理。一分耕耘一分收获，最终这个项目成功入选为 2020 年度国家出版基金项目，并获得了 105 万元的资助。

（五）装帧设计

《中国壮药原色鉴别图谱》项目的体例比较简单，不涉及章节标题，每个品种占两个页码，装帧设计如何做才好呢？该项目既是国家重点出版项目，也是国家出版基金项目，装帧设计决不能马虎了事。于是，我在网上和书店调查同类书以寻找灵感，并多次与美术编辑就开本选择、目录设计、内文设计（包括辑封、书眉、版心等）、封面设计、整本书的色彩协调等进行深入的探讨，最终从多种设计方案中找到了突显壮族和图谱特色的方案：第一，以体现“原色鉴别”为切入点，整套书以绿色为主色调，为区别于其他同类书堆砌图片的设计风格，以独特的壮药原植物图片为母本勾勒出 100 多张线描图，从内文版式到封面整体设计都采用这些线描图进行装饰设计。第二，正文部分采用蝴蝶页的设计方式，双码放中文内容，单码放对应的壮文内容，一个品种的内容浑然一体、一目了然，便于壮汉双语对照阅读。第三，目录的设计也是别出心裁。采取“中文标题 / 壮文标题……中文标题页码 / 壮文标题页码”的形式，壮汉双语对照，方便查找和阅读。第四，整套书的篇幅较大，为方便读者查阅，在做内文版式设计时，我们将 5 本分册做统一设计，每一个笔画用不同的颜色区分，并且按顺序分层次错开做出血处理，这样从书口处看就能轻易区分每个笔画的内容。

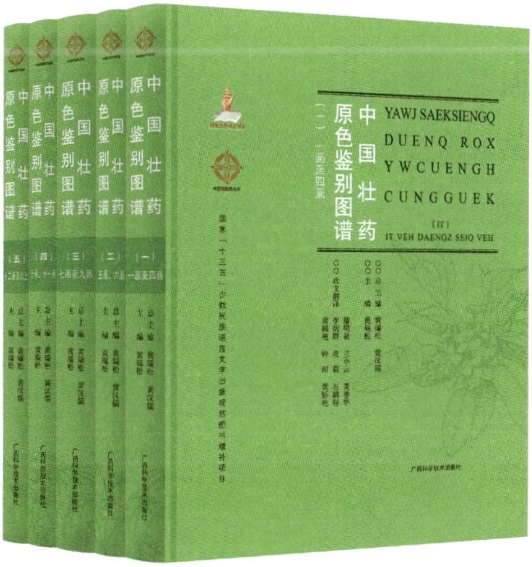

○《中国壮药原色鉴别图谱》

（六）编辑打磨

要打造精品，必须在编辑打磨环节下足功夫。《中国壮药原色鉴别图谱》是一套图谱工具书，有 5 个分册，壮汉双语，总字数为 420 万字，图片近 1100 幅，虽然体例简单，但是涉及的知识点多且比较专业，而且壮文的编校是个难点，所以一点也不能马虎。得益于长期承担国家民族文字出版资助项目，我们积累了丰富的壮文编校人才资源，大大缓解了编校压力。

中文部分的编辑工作进展比较顺利，主要的工作内容有四项：一是再次理顺分册的品种，检查品种分册是否有误；二是查阅工具书、专业网站等，核对药材的中文名称、拉丁学名、来源、形态特征等内容；三是对病名、药材名等专业术语进行梳理，整套书统一用法；四是甄别图片，主要通过网上核对和作者核对完成。

壮文部分的编校则碰到了很多棘手的问题，由于不懂壮文，我们只能依靠社外编校力量，花费了大量精力和时间。一是中文部分由多人编写和多人翻译，导致相同内容前后表述不一致。比如，同种药材名、病名及其他专业术语有多种写法和译法，有些是借词翻译，有些是直译，还有些是意译；而编校也是多人进行，没有办法做到整套书兼顾到位、前后统一。这些棘手的问题只能依靠我这个“门外汉”来解决了。不懂壮文怎么办？我只能对照中文找出不同的译法，汇总后交给译者统一用法，再进行查找和替换。我足足花了一个月去完成这项统一工作。二是统稿工作烦琐。由于中文校对和壮文校对不是同一个人，他们发现问题后不能同步更正，所以需要对照几份稿子来统稿，先要确定中文部分修改的内容，再在壮文部分的相应位置做标识，让译者进行翻译和修改后再誊写到书稿。三是作者多次修订内容，导致对修改的内容要重新翻译和校对。四是工厂改稿存在改错、改漏、换行断词有误等问题。尽管工厂改后也进行核红，但每次改样回来再次核红还是发现不少漏改、错改的问题。

编辑、校对、作者齐心协力，耗时 10 个月，终于顺利完成《中国壮药原色鉴别图谱》的编校工作。5 册图书一共有将近 3000 页，我们进行了审稿、四次统稿、四次对红、索引的核对等，这说明要做好一个重点项目绝非易事，脱几层皮都不为过。此外，我还学会了一点壮文，大概看得懂书稿的小部分内容，甚至还能写出一些词语，也算是意外的收获吧。

（七）宣传推广

《中国壮药原色鉴别图谱》出版以后，在宣传推广方面也做了大量工作。一是通过自有媒体宣传，如在社里的公众号、集团的公众号等发布新书宣传推文。二是通过报纸、网站、电视台等发布书讯、书评等扩大影响，如在《光明日报》《中国出版传媒商报》《广西日报》《南宁晚报》，以及中国新闻网、腾讯网、新浪网、中国新闻出版广电网、广西新闻网、广西卫视分别做了宣传推广。其中，广西卫视在 2021 年 4 月的新闻报道中对《中国壮药原色鉴别图谱》的出版进行了 76 秒的专门报道。三是通过作者资源进行宣传。2021 年

○ 《中国壮药原色鉴别图谱》作为 2019—2020 年国家出版基金项目的优秀图书在第三十届全国图书交易博览会上展出（黑色箭头处）

7 月，《中国壮药原色鉴别图谱》作为 2019—2020 年国家出版基金项目的优秀图书在第三十届全国图书交易博览会上展出。

《中国壮药原色鉴别图谱》项目实施共耗时 3 年零 6 个月，作为项目负责人，我在选题策划、组织编写、组织翻译、申报国家出版基金、装帧设计、编辑打磨、宣传推广等各个环节均全身心投入，周密安排工作，克服项目实施过程中的各种困难以保证项目顺利完成。其间的酸甜苦辣以及成功和失败的经验，都是我编辑生涯中的宝贵财富。我也真正体会到，要做好项目经理人，一定要有持之以恒的顽强斗志、高度负责的工作态度和精雕细琢的工匠精神。

四、参与民族医药图书出版品牌打造的几点启示

参与民族医药图书出版品牌建设，尤其是负责子品牌建设和重点出版项目的实施，不但极大提升了我的编校业务能力和职业素养，而且更强化了我的品牌意识，提升了我的品牌规划的综合能力，也给了我几点有益的启示。

第一，地方特色资源选题切入要精准。地方特色资源选题要与当地政府当前甚至今后的工作重点保持一致，要结合出版社自身的专业出版方向、人才情况，深耕地方特色资源，对相关图书、作者资源、国家政策等深入调查分析，精准定位选题。

第二，要长期规划与短期规划相结合。做好品牌建构工作，既要注重现实性的需要，也要做好未来进行深度开发的准备，长期规划与短期规划相结合，出版品种要形成系列，不断扩大出版规模，从而不断增强品牌影响力。

第三，争取资金支持非常必要和重要。地方类图书虽说有一定的读者基础，但有地域局限性或者内容比较专业，难以通过销售获得可观的收益，积极申报省级、国家级重点出版规划项目和资助项目，或者争取作者单位的经费支持，更有助于减轻出版社的经济压力，实施精品战略，打造地方出版品牌。

第四，要提升选题高度和价值。地方出版品牌的打造，不能只注重现实性的需要，而是要切合地方特色资源的发展需要，站在国家发展全局的高度来谋划，做好差异化策划和未来深度开发的计划，做到既熟悉地方动态，又能跳出地方的窠臼，以策划出更有深度、更有独特视角、能代表国家水平的重大选题。

（本文作者时任广西科学技术出版社第二出版中心主任，现任副总编辑）

持之以恒“挖一口深井”

——谈谈广西民族古籍整理与出版

韦胜辉

广西是多民族聚居的自治区，在长期历史发展进程中，壮族、汉族、瑶族、苗族、侗族、仫佬族、毛南族、回族、京族、彝族、水族、仡佬族12个聚居民族创造和积累了丰富多彩的历史文化，留下了数量可观的文献典籍，这是一笔不可估量的财富，是中华民族智慧与创造力的结晶。30多年来，在广大民族古籍工作者的共同努力下，广西民族古籍抢救性搜集保护工作取得了重大进展，目前，广西壮族自治区少数民族古籍保护研究中心（以下简称“广西古籍中心”）的民族古籍收藏量已达22000多册（件），内容丰富，种类多样，具备了打造一系列民族古籍整理出版精品图书项目的文本基础。广西民族古籍抢救性搜集保护工作取得了重大成就，而广西民族古籍的整理出版工作却相对滞后，许多珍稀古籍束之高阁，亟待进一步整理出版。本文结合广西教育出版社的民族古籍出版板块形成及发展过程，介绍编辑如何从一次会议发现一个选题、从一个选题策划一套丛书、从一套丛书做成一个板块，并持之以恒地挖掘民族古籍整理出版事业这口“深井”。

一、从一次会议发现一个选题

2013年10月27日至30日，广西壮族自治区少数民族古籍整理出版规

○ 2011 年 8 月 11 日在广西来宾市金秀瑶族自治县罗香乡罗运村调研古籍

划领导小组办公室（今广西壮族自治区少数民族古籍保护研究中心）在崇左市举办“《中国少数民族古籍总目提要·壮族卷》编纂工作培训班”，我的导师黄振南教授为此次培训班授课专家之一，因导师推荐，我有幸参加此次培训班。在培训班上，专家们系统讲授了书籍类、铭刻类、文书类等民族古籍的搜集整理方法，让我对民族古籍整理出版事业有了更全面的认识，对民族古籍整理出版选题有了更深入的思考。

培训班结束后，我策划了《金秀瑶族博物馆藏瑶族文书汇编》这一选题，并通过电话征求广西古籍中心韦如柱主任对此选题的意见。虽然当时的我进入出版行业不足 5 个月，是十足的出版界“新兵”，但韦主任还是很有耐心地听我陈述选题构想，并充分肯定了我的选题方案，这使我倍受鼓舞。他提出，金秀瑶族博物馆藏瑶族文书仅 200 多件，数量不多，建议等搜集到更多瑶族文书后再做瑶族文书项目。他还透露，仫佬族文书的搜集工作基本完成，已搜集文书 1000 多件，可以考虑先做仫佬族文书项目。结束通话后，我立刻向社领导石立民总编辑（现任广西教育出版社社长）汇报韦主任的选题建议。石总编对此选题高度重视，次日便亲自带队到广西古籍中心参观及交流。在充分了解广西古籍中心的馆藏民族古籍情况，尤其是仫佬族文书古籍情况后，她指出，仫佬族是广西十二个聚居民族之一，仫佬族文书有重大出版价值，该项目可以作为国家出版基金储备项目进行打造。

在社领导和广西古籍中心领导的共同推动下，两家单位达成了共同打造《仫佬族地区文书古籍影印校注》项目的共识。双方约定：广西教育出版社协助广西古籍中心做好文书的拍摄、甄选、分类等工作；广西古籍中心组织人力对文书进行文字录入、点校、注释等，并组织专家对文书流传地进行田野调查，撰写前言、代序、题解、田野调查报告等内容。

为了更好地呈现文书原貌，我和时任装帧设计部主任鲍翰老师自带设备赴广西古籍中心，对该中心搜集到的仫佬族文书进行拍摄。拍摄前，我们和广西古籍中心工作人员一起将卷皱的文书逐一摊平，把破损翻折的每一点小纸片都精准平整好，力求拍平整、拍全，不放过任何细节。拍摄时，鲍翰老师在文书旁逐一放置灰卡，后期调图时根据灰卡数值精细调整，力求精准还原每一件文书原本的色彩。修图时，鲍翰老师力求精细褪底，保留文书的残损破洞、毛边，以及那些大小不一、形状各异的虫眼等细节。

鲍翰老师是一位很有文化情结的出版人，也是一位热心提携新人的前辈。在合作过程中，他不厌其烦地听我介绍书稿内容、价值、定位等，同时热心地向我讲授装帧设计知识，让我在较短时间内了解装帧设计常识。他根据书稿特点，提出了很多设计方案，但不久后他自己又一一否定，再提出新的方案，力求做到精益求精。封面设计吸收了传统古籍经折装及现代精装书的工艺，做到了传统与现代的有机结合，体现了对传统文化的创造性传承。粗标宋体字体现了图书的古朴与历史厚重感。书脊采用一灰一黄、一冷一暖两种色调的布料包裹锁线装，既庄重和谐，又易于读者区分上下册。封底仅放置一枚从清朝一直沿用到民国时期的“罗城县印”印章，与全书内容相得益彰。在内文版式设计方面，考虑到本书一些需要注释的字词在几百件文书中反复出现，鲍翰老师大胆创新，对这些字词进行固定编号，如“卖断”一词，无论其出现在文中何处，序号都是固定的“［001］”，并将其所对应的注释内容统一放在文末。这一创新做法，既保证读者能按序号快速找到对应注释，又做到正文版面简洁，为今后同类图书版式设计提供了有益借鉴。此外，全书采用四色印刷，使得文书的形制、用纸、书法、图章、钤印、特殊符号等多方面重要信息精准呈现给读者，满足不同学者的研究需求。这本书的装帧设计在立足实用性的基础上，兼顾简洁美观，全书设计无多余色彩和装饰图案，做到了实用性和审美性有机统一。

《仫佬族地区文书古籍影印校注》项目由于准备充分、整理规范、出版价值高，成功入选了2015年度广西文化精品项目和2016年度国家出版基金项目；图书出版后，获第五届中国出版政府奖装帧设计奖提名奖、第八届广西文艺创作铜鼓奖、第七届广西出版物优秀装帧设计奖整体设计提名奖和封

○《仫佬族地区文书古籍影印校注》

面设计奖等荣誉，取得了较好的社会效益。

二、从一个选题策划一套丛书

在《仫佬族地区文书古籍影印校注》项目实施过程中我们与广西古籍中心建立了较好的合作关系，社领导支持我深度参与广西古籍中心在广西崇左、百色、河池及云南文山等地的古籍调研、搜集、整理等工作，这使我对广西11个聚居少数民族的古籍留存情况有了更全面的了解。

在同广西古籍中心调研及交流过程中，我们渐渐达成共识，即有必要对广西11个聚居少数民族地区的文书古籍进行系统性整理出版，推出“少数民族地区文书古籍影印校注丛书”，并在此丛书基础上打造“广西少数民族地区文书古籍数据库”。这一想法得到社里的肯定与支持，部门分管领导吴春霞副总编辑专门带队到广西古籍中心进行座谈。在听取广西古籍中心介绍广西少数民族地区文书古籍的留存及搜集情况后，吴总指出，“少数民族地区文书古籍影印校注丛书”是一个大工程，需要久久为功，要把规划做细做实，稳步推进。

按照社领导和广西古籍中心领导达成的战略共识，两家单位加大了对文书古籍项目的投入力度。截至目前已共同启动了《壮族地区文书古籍影印校注》《侗族地区文书古籍影印校注》等项目。其中《壮族地区文书古籍影印校注》预计收录文书古籍10000件，共25册，分三辑推出；《侗族地区文书古籍影印校注》预计收录文书古籍3000件，共10册。两个项目的文字录入、点校、注释等工作正在有序推进中。此外，《瑶族地区文书古籍影印校注》和苗族地区、毛南族地区等文书古籍影印校注项目也在积极推进中。预计最迟到2035年，“少数民族地区文书古籍影印校注丛书”下各项目陆续完成，

○ 搜集侗族地区文书

丛书将全面系统地收录广西 11 个聚居少数民族地区文书古籍近 2 万件，出书规模约 50 册。

三、从一套丛书做成一个板块

在共同推进“少数民族地区文书古籍影印校注丛书”的过程中，广西教育出版社同广西古籍中心逐渐建立了相对稳定的深度合作关系，双方在民族古籍整理出版项目的策划、培育、启动、整理、研究、项目申报、编辑出版、营销等全流程进行紧密合作，实现了优势互补，以联合打造更多的精品项目。

为拓展合作空间、科学谋划合作选题，双方共同梳理了广西民族古籍的流传情况、整理出版现状，又经过反复调研、专家咨询，渐渐明确了未来的合作重点，共同制定了含 4 大丛书 60 个项目的中长期规划。广西教育出版社在这些古籍项目的基础上，逐渐形成了新的出版板块——古籍出版板块。截至 2022 年，该板块下的项目累计入选“十四五”时期国家重点出版物出版专项规划项目 5 个，入选国家出版基金项目 3 个，入选民族文字出版专项资金资助项目 1 个，入选“国家民委铸牢中华民族共同体意识古籍整理出版书系”项目 3 个，累计获中国出版政府奖提名奖 1 次、中国民间文艺山花奖 2 次、广西文艺创作铜鼓奖 2 次等。具体如下：

《仫佬族地区文书古籍影印校注》，入选 2016 年度国家出版基金项目，获第五届中国出版政府奖装帧设计奖提名奖、第八届广西文艺创作铜鼓奖。

《顿造忙（创世经）影印译注》，入选 2019 年度国家出版基金项目，获第十届广西文艺创作铜鼓奖、第十五届中国民间文艺山花奖。

《瑶族婚俗古歌都才都寅译注》，入选 2020 年度国家出版基金项目，是第十五届中国民间文艺山花奖入围作品。

《娅王经诗译注》，入选 2021 年度民族文字出版专项资金资助项目。

《广西高甲壮语瑶歌译注》《古壮字〈西游记〉影印译注》《古壮字〈孔雀东南飞〉影印译注》，入选“国家民委铸牢中华民族共同体意识古籍整理出版书系”项目。

《广西存世彝族典籍影印译注》，入选“十四五”时期国家重点出版物出版专项规划项目。

《壮族长篇叙事歌·柳江卷》，入选“十四五”时期国家重点出版物出版专项规划项目。

《董永影印译注》，入选“十四五”时期国家重点出版物出版专项规划项目。

“少数民族经典文献当代转化丛书（第一辑）”，入选“十四五”时期国家重点出版物出版专项规划项目。

《壮族土司资料集成》，入选“十四五”时期国家重点出版物出版专项规划项目。

此外，2022 年 10 月 7 日全国古籍整理出版规划领导小组印发《2021—2035 年国家古籍工作规划》，并公布第一批 2021—2035 年国家古籍工作规划重点出版项目。广西教育出版社有 4 个项目（含 15 个图书品种 40 册图书）入选。

四、持之以恒"挖一口深井"——广西民族古籍整理出版之探索与展望

当前，民族古籍整理出版事业正处在历史关键时期，既有新材料、新选题不断涌现的历史机遇，也存在濒危古籍加速消亡、珍稀古籍逐渐成为无人能破解的"天书"的严峻挑战。为打通民族古籍整理出版事业这口"深井"，近年来，广西教育出版社与广西古籍中心在多个方面先行先试，为推动民族古籍整理出版事业持续健康发展积累了有益经验，为推动新时代广西古籍工作高质量发展打下了良好基础，成效日益显著。

1. 广西民族古籍整理出版之探索

广西民族古籍整理出版事业存在着出版进度慢、总量少，出版项目在全国影响力有限，少数民族古文字传承人剧减导致民族古籍识读困难，从事民族古籍整理工作的专家学者少等客观现状，为突破制约广西民族古籍整理出版事业发展的瓶颈，广西教育出版社和广西古籍中心进行了诸多有益探索。

首先，抢救性破译多部濒危珍稀民族古籍，为今后民族古籍的系统性整理出版打下基础。广西教育出版社与广西古籍中心共同完成了 50 多部濒危珍稀民族古籍的识读和初译工作。其中，《广西存世彝族典籍影印译注》、《壮族医药典籍影印校注》、汉文题材叙事长歌《古壮字〈西游记〉影印译注》、《古壮字〈孔雀东南飞〉影印译注》等基本成型，为今后民族古籍的系统性

整理出版打下基础。

其次，组建“三支队伍”，为民族古籍整理出版事业储备作者资源。民族古籍整理是一门综合性学科，其作者需具备民族学、语言学、文献学、历史学、人类学等多学科知识，该领域作者资源相对匮乏。随着一批专家学者逐渐老去，能够独立胜任民族古籍整理任务的学者越来越少。为组建民族古籍搜集、整理、研究人才队伍，使民族古籍整理出版事业后继有人，广西教育出版社与广西古籍中心共同推动了古籍工作“三支队伍”建设工作。“三支队伍”指民间艺人队伍，包括麽公、道公、山歌手等，负责民族古籍的普查、抢救、搜集和识读；市（县）民族文化工作者队伍，负责民族古籍的初步翻译、整理；专家学者队伍，负责民族古籍的翻译、整理、研究的政策把关和学术提升。近几年来，广西教育出版社与广西古籍中心在广西南宁、河池以及云南文山共举办了 6 期“古籍整理工作培训班”，在广西民族大学、广西民族师范学

○ 第一期“古籍整理工作培训班”

院召开了4期“古籍整理与出版研讨会”，团结了一批来自高校及科研机构的专家学者，以及一批土生土长、熟悉民族文化的一线文化工作者，形成了具有广西古籍工作特色的“三支队伍”，得到国家民族事务委员会的充分肯定。

再次，多方合作模式日趋成熟，推动民族古籍整理出版事业可持续发展。

广西教育出版社一直致力于推动古籍公藏单位、高校科研机构、出版单位等三方机构围绕古籍的调研、论证、策划、培育、实施、项目申报、整理、编校、出版、参评奖项等各项工作开展全流程紧密合作，实现战略性、稳定性的深度合作，强强联合、互利共赢。目前，多个项目实现了“广西教育出版社+广西古籍中心+高校”的三方合作，部分项目实现了“广西教育出版社+广西古籍中心+广西民族语文研究中心+高校”的四方合作。多方合作，一方面可以实现资源整合、优势互补，确保合作项目的高效性、规范性、学术性、权威性；另一方面可以聚焦重点，校准靶向，有力推动广西古籍整理出版事业的可持续发展。

最后，组建民族古籍整理出版编辑团队，编辑力量进一步增强。为适应民族古籍整理出版事业发展的需要，广西教育出版社积极引进有相关学科背景的专业人才，目前已建立起一支具有历史学、中国少数民族语言文学等学科背景，熟悉古壮字、壮文、国际音标等知识，适应民族古籍整理出版需要的编辑团队。

2022年4月，广西教育出版社以原古籍编辑团队为基础，成立了古籍出版中心，为进一步做好出版工作，发挥广西教育出版社在古籍出版工作中的主阵地作用提供了组织和人才保障。

2. 广西民族古籍整理出版之展望

随着国家不断加大对中华优秀传统文化的保护传承力度，民族古籍整理出版事业迎来了新的发展机遇，此外，广西教育出版社与广西古籍中心在诸多方面先行先试，这为广西民族古籍整理出版事业的高质量发展打下了较好的现实基础，可以预见，未来广西民族古籍整理出版事业将呈现如下发展趋势。

一是广西民族古籍整理出版物将不断涌现。广西民族古籍总量较大，已整理出版的古籍数量不及总量的十分之一，绝大多数珍贵古籍尚待整理推出。未来若干年，广西民族古籍整理出版物将不断涌现，且有井喷之势。

二是广西民族古籍出版品牌将不断走向成熟。广西教育出版社与广西古籍中心深度合作，共同推动民族古籍出版板块朝着品牌化方向发展，共同打造的“广西古籍文库”图书品牌不断走向成熟。

三是不断推动古籍项目走融合出版之路。广西教育出版社和广西古籍中心联合打造的“广西古籍文库”数字平台第一期已上线运营。平台分多期进行建设，全部建成后，平台将集古籍影印件、古籍整理数字出版物、古籍相关音视频及图片资源等于一体，支持在线阅读、快速检索、文图对照等功能，成为数字出版与纸质出版同步推进、相互关联、融合呈现的融合出版工程。随着“广西古籍文库”数字平台第一期建成并投入使用，广西教育出版社出版的古籍图书具备了打造成融合产品的平台基础，每个项目在完成纸质图书生产时，将同步完成数字化开发、资源入库，数字出版与纸质出版同步推进、相互关联、融合呈现的融合出版模式将不断走向成熟。

四是广西民族古籍整理走向综合性整理阶段。古籍是语言、文字、音乐、戏剧、民俗、历史等诸多文化事项的载体，以往古籍整理多侧重于对文本的多行对照翻译整理，对古籍中的音乐、戏剧等文化事项的关注不足。随着技术手段的不断成熟及民族古籍工作者整理经验的不断丰富，广西民族古籍整理出版逐步向综合性整理阶段迈进，纸质图书中将加载有关民族语言、山歌对唱、戏剧表演、民俗仪式的音视频，立体呈现古籍中的相关文化事项将成为新趋势。

五是良性合作生态初步形成。随着民族古籍的重要性日益凸显，越来越多的出版者、高校及科研机构专家学者把目光投向了民族古籍整理出版领域。目前，广西教育出版社不断完善“广西教育出版社＋广西古籍中心＋广西民族语文研究中心＋高校”的多方合作模式，这一模式打破了传统出版上下游关系，多方是基于民族古籍资源的联合开发，在项目的策划、培育、启动、整理、研究、项目申报、编辑出版、成果推广等全流程进行合作，多方优势互补、共筹资金、共享成果、各取所需。个别项目还形成了“民族古籍＋”的多方合作模式，如广西古籍中心以民族古籍为基础，除了与出版单位的深度合作，还整合了历史学、语言学、文献学、音乐学、戏剧学、影视学、外语等多学科的专家及团队，多领域跨学科合作，对民族古籍项目进行立体开发，在这一新型合作模式下，既可以保证各合作方各取所需，又大大降低了各合作方的成本，形成良性的合作生态。

（本文作者系广西教育出版社古籍出版中心负责人）

种一颗美育的种子

——谈谈少儿美术图书的深耕细作

吴　雅

美育是培养学生鉴赏美、创造美能力的教育，通过教育提升学生认识美、理解美、欣赏美、创作美的能力，是新时代培养德智体美劳全面发展的社会主义建设者和接班人的重要着力点，在“立德树人”方面发挥着独特的、不可替代的作用。其中，艺术是美育最集中、最典型的形态。如何通过艺术教育引导提升少儿审美素质和人文素养，成为新美育时代摆在我们面前的重要课题。作为出版人，做好少儿美术图书，向孩子提供优质的精神食粮，任重而道远。

在十多年的编辑生涯里，我与中小学美术教材、少儿美术市场图书这两种美育范畴里的图书结下了不解之缘。我想谈谈自己在编辑打造少儿美术图书过程中的故事，以及在少儿美术图书选题策划、内容深耕、书感打造、跨界尝试等方面的一些实践与思考。

一、历练成长——义务教育美术教材的锻炼

2003 年，刚入职广西美术出版社（简称“美术社”）的我，就有幸参与重大项目《义务教育课程标准实验教科书：美术》（以下简称《美术》）的开发，担任教材的美术编辑。该项目由时任社长伍先华、总编黄宗湖亲自牵

○ 广西美术出版社出版的《义务教育课程标准实验教科书：美术》

头，副总编何幼明具体负责，组织了一批优秀的一线美术教师进行编写，并聘请全国美术教育专家来做指导。整个教材开发团队由美术编辑、文字编辑、设计人员、拍摄人员等组成。

教材的编写开发是一项复杂而庞大的系统工程，对于当时刚接触编辑工作的我，更是一次严峻的挑战。我通过向前辈们不断地学习，与教育专家、一线教师共同探讨、反复琢磨，从最初的懵懂到逐渐厘清了编辑思路。

课标不仅是教学理念的体现，也是教材编写的指导方向，教材编写既要符合课标的理念要求，又要体现创新性与特色，编写的难点是要深刻理解课标内涵，将先进的教育理念贯彻到课本当中。义务教育阶段的美术课程涉及的内容非常丰富，根据课标要求分为不同的学习领域。各个学习领域又各自对应不同的课题，不同的课题要根据不同学龄段来设计科学的教学内容，那就需要将体例设计、课程编写、图片采集、课件制作、文字撰写、排版设计等一一落实。

这套教材，绝不是靠简单的来稿选择、编排、校对就能完成的。在编写过程中，时常会出现作者提供的书稿内容达不到要求的情况。为此，黄宗湖总编和何幼明副总编给我们提出了更高的要求，教材编辑要在教材编写工作中起主导作用，不仅要指导作者编写制作教材内容，还要担当作者的角色，和编委一起设计编写教材内容，深度参与每一课从立意到成稿的整个过程。为方便教材编写，美术社开辟了一间一百多平方米的教材课件开发工作室，供编辑为教材中出现的案例亲手制作教学道具、手工作品，以及绘画教学步骤图和各种题材的作品。除此之外，我们还多次赴南宁、柳州、桂林等地的多所学校组织教师、学生开展教材内容需要的教学活动，指导拍摄教学活动场景……这些具体的工作让我的美术专业特长得到了发挥，编辑能力也在工作过程中得到锻炼。

在我刚开始编辑美术教材的时候，有件事至今记忆深刻。小学二年级有一节陶泥制作课，对应的学习领域是美术与材料，教学目的是让学生学会使用陶泥制作动物造型雕塑。当时编委老师提供的课件作品均是单个的陶泥动物作品，将这些作品排列在版面中显得构图松散，没有一个主题来凸显教学内容，整体枯燥且没有教学亮点，我们来回反复地换作品、调版式都未能改善。有时转折往往发生在不经意之时。有一天晚上，我无意间看到电视正在播放的《动物世界》中的一幕——动物们聚集在河边饮水。这个场景瞬间激发了我的灵感！我马上去工作室，翻开在课件台上的陶泥动物课件的盖布便开始制作。我先用一张蓝色海绵纸剪出湖泊的形状，把陶泥动物一个个疏密有致地围在边上，模拟出动物集体饮水的场景。为了让场景更加逼真，我用一块玻璃板压在“湖泊”上，营造出倒影效果，又利用好几个品种的植物枝叶搭建出丛林的场景。至此，林中动物集体饮水的场景被“复刻”出来。一下子，课的内容就生动了：原来单个的陶泥动物因为集体饮水组合起来形成了一个整体场景，这样一来不仅页面构图有了主次之分，而且原来的主题内容也变得更加生动有趣。这一改造得到了专家和编委老师的认可，他们认为这样的改造融入了综合媒材的运用，让原来单纯的陶泥材料教学具有更多的趣味性、创造性和拓展性，更能突出本课学习领域“美术与材料”的教学主旨，而且此组作品创造的情境导入，使得该课的教学内容得到了升华。教师在上课时可以利用这个情境作品，用密林中动物的故事来导入教学内容，教学内容也可由此延展出认识自然美等美育知识。随后，教材编写组经过讨论也一致同意将课题调整为更符合教学内涵及情境的《密林中》。

经过近三年的努力，这套凝聚了全体编写组成员智慧、心血和汗水的《美术》教材通过了教育部的审定，成为西部地区自主开发的唯一一套全国性美术教材。我在编辑教材的过程中得到了极大的磨炼，领会了一个编辑应该要如何吃透图书内涵、如何创造性地提升和再造图书内容。中小学美术课本的编辑经历为我之后打造少儿美术图书提供了经验铺垫，我也因此与少儿美术图书在随后的十几年里结下了缘分。

二、机缘巧合——一个全新图书板块的形成

在 2008 年之前，我社几乎没有涉足少儿美术市场的图书。我那几年做中小学美术教材，在少儿美术方面有一定的经验基础，完成教材开发任务以后，很想在少儿市场图书上做些尝试，于是，我开始留意少儿美术方面的图书选题。那时人们逐渐重视少儿美术教育，各种少儿美术培训机构在全国应运而生。

少儿美术素质的培养是一门系统的教育工程，因此，对于少儿美术培训机构来说，一套完整、科学的少儿美术培训图书就成为必不可少的教学构成条件，这就为少儿美术图书出版开拓了市场空间。

机缘巧合，2008年初，沈阳一位书商向我们推荐了一所当地的少儿美术培训机构。这所机构的教师具有丰富的教学经验和年轻化的审美取向，教学手法新颖、趣味性强，教出来的学生创作的作品很是精彩。我们第一次洽谈就敲定了6本少儿美术图书的选题——《油画棒》《水彩笔》《水粉》《线描》《趣味创意》《POP》，构成了“佳翼少儿美术教程”系列丛书。

选对了作者，图书就成功了一半。我们很幸运在开发第一套少儿美术市场图书时就找到了教学水平高且配合默契的作者。每一课的成稿、作品的选择都是编辑思路想法与作者教学成果的结合。每册图书，我们都会从初稿的四五十课中选出29课，选出来的每一课都力求达到最佳效果才定稿。我已记不清调整和替换过多少篇课文和美术作品，对图书装帧设计的要求也几乎到了吹毛求疵的程度，任何细节都想要尽力做到完美。经过大半年的努力，图书终于到了可以付印的环节。

准备付印的时候，社里有一些不同的意见：我社鲜少涉足这类图书，有没有这类书对口的销售渠道？美术专业出版社出版少儿类图书，能不能得到市场认可？不少人表示对这套书缺乏信心，毕竟6本图书也是一笔不小的投资。当时的我也很忐忑，毕竟这是我第一次做少儿美术市场图书。但是经过前期市场调研，再加上我在这套书的开发过程中下足了功夫，根据图书经过编辑加工最终呈现出来的书感，我自己心里是有一定把握的。考虑到市场的不确定因素较多，为谨慎起见，社里决定先印3000套。想不到，第一批开印的6本书发出去后，不到三个月就售罄了，多个书店要求补货，市场部和我商量赶紧安排重印。未曾想这时又出现了意外情况——重印的印刷效果不好，颜色偏黑，没有把作品的色彩层次和肌理印出来，和首版有较大差距。当时许多书店是将上一印次的图书销完了才返订的，如果重印版与首版有质量差距，这会有损出版社信誉且不利于图书品牌形象的打造。于是，时任社长蓝小星带着印制部主任和我一起到印刷厂协商解决，印刷厂本着对合作单位和图书印刷质量负责任的态度，按高质量、严要求重印了这部分图书，印出来后的质量达标。此后该套丛书多次重印，单册重印次数达十几次。《油画棒》被中国书刊发行业协会评为“全行业优秀畅销品种”，《趣味创意》图书版权输出到东盟国家。我社首套开发的少儿美术市场图书取得了不错的效果，为之后少儿美术图书板块的形成开了个好头。

当然，6个品种还远远不足以形成一个图书板块，板块的形成需要更多品种来构建。而且从品牌建设的角度来考虑，也需要不断地推出好产品来持续扩大影响力。2009年，我从教材开发中心调到社里新成立的第四编辑部，在时任第四编辑部主任杨勇（现任广西美术出版社副总编辑）的支持和指导下，用五六年时间打造了“佳翼少儿线描系列教程”“佳翼少儿美术圆角系列教程”“赛尚儿童装饰画教程”“少儿铅笔素描入门”等多个系列近50个品种的少儿美术图书，几乎覆盖了少儿美术教育所有课程门类，形成了有一定品种体量和市场影响力的少儿美术图书板块。以“佳翼”

○ “佳翼少儿美术教程”系列丛书

系列为代表的图书得到了市场认可，屡屡重印，此系列图书销量达到50万册，销售码洋1000多万元，利润近400万元。

“佳翼”系列图书取得的成功不仅使我社的少儿美术图书在市场上树立了鲜明的品牌形象，获得了较可观的经济效益，还推动了本系列图书作者所开设的美术培训机构的发展。随着“佳翼”系列图书在少儿美术图书市场上的畅销与这一品牌知名度的提升，当初在全国还不知名的少儿美术培训机构被大众认识并认可，逐渐发展成一所在全国拥有500多所加盟校区的超大型少儿美术连锁机构——佳翼国际少儿美术教育。此美术培训机构的发展壮大与美术社打造的优秀少儿美术图书密不可分，出版社与作者相辅相成、相互成就，创造了良性的市场循环。

“佳翼”系列图书主编、佳翼国际少儿美术教育的总裁尚天翼老师和我们每每聊起“佳翼”的发展历程，都会表达对广西美术出版社的感谢，认为我社打造的优秀少儿美术图书是“佳翼”成长为艺术培训行业领先者的重要推手。这时，我的心里都会涌出一股幸福感。“佳翼”少儿美术图书就像是出版社和作者共同栽下的一棵蒲公英，一起用心培育它生根、发芽、成长、开花。“佳翼”少儿美术图书的广为传播和佳翼培训加盟学校队伍的不断壮大就像是蒲公英的种子，播送到全国各地，惠及全国数以万计热爱美术的孩子。我想，这就是我们做出版的意义！

三、精雕细琢——一套少儿美术图书的打磨

由于少儿美术教学的理念和方法一直在更新和变化，加上不断推出的同类书竞争激烈，一本少儿美术图书要成为长销书很不容易。“佳翼少儿线描系列教程”是“佳翼”系列图书中的一套少儿线描技法图书，自2011年出版

以来，年年重印，到现在已经发行超过十年，经受住了市场的检验和时间的考验。这套长销十年的少儿美术图书之所以能获得读者认可，我认为一是全册图书的内容设计形成了一套完整的教学体系，且分册结构合理；二是内容设置科学、操作性强；三是书感打造和装帧设计能打动读者。下面，我和大家分享这套书的打磨过程。

首先是分册和起书名。这套书三分册的题材都是线描，刚开始设计内容时，曾考虑按照难易程度分初级、中级、高级三册，这也是市面上同类书的常规做法，容易操作。但我认为这样的分册还不足以充分体现线描教学的系统性。而且从市场的角度考虑，要和同类书拉开距离并且打造出亮点才能让这套书更有竞争力。同时，按级分册的做法可能会导致读者只选取其中的一到两册购买而不买全套，不利于套书的销售。后来经过市场调研并结合少儿美术教育业内教师的意见，最后决定按照不同的教学侧重点分为鉴赏临摹、写生练习、绘画创作三分册，贴合各册内容定位分别起名为《我学大师》《写生课堂》《主题创作》。先从《我学大师》的鉴赏、临摹学习，进入到《写生课堂》的线描写生练习，最后上升至《主题创作》，开始进行有主题的创作活动。三分册相辅相成，从临摹到写生再到创作，循序渐进，这样就形成了一个全面、完整的少儿线描学习体系。

分册确定之后就是内容设计。原先作者的三本来稿都只提供了线描课的范画步骤和学生作品，如果就这样成书，三分册的体例都一样，教学侧重点区分不明显，不能充分呈现循序渐进、全面、完整的少儿线描学习体系。于是我针对每册设定的不同教学侧重点列出详细的编写提纲，作者按照提纲编写、充实内容，最终三分册形成了各有教学特点又相辅相成的教学内容。《我学大师》侧重鉴赏和临摹学习，图文并茂地介绍大师的生平，引导孩子鉴赏大师的绘画艺术，对大师的作品进行临摹学习，让孩子全面感受大师及其作

○ “佳翼少儿线描系列教程”部分内文版式

○ “佳翼少儿线描系列教程”丛书

品的艺术魅力，从而对绘画产生憧憬，生发出更高的学习兴趣和热情，为之后两分册的延伸学习做铺垫。《写生课堂》是三册中最突出绘画技法指导性的一册，涵盖了写生材料准备、用笔技巧、观察、测量方法等写生基础知识，按照不同难度递进式地分为静物、场景、人物三大写生题材板块，通过线描写生的学习，锻炼孩子的观察能力和造型能力，以及对构图和画面整体的把控能力。《主题创作》侧重于通过创作学习让孩子打下绘画技巧性基础，将教学内容和语文学科结合，根据不同的主题分为4个课程板块，旨在培养孩子的想象力和创造力，引导并鼓励孩子展开想象，创作出心中的作品。

内容做到位了还不够，装帧设计也要考究，因为再好的“内在”也需要讨喜的外观来吸引读者翻阅，读者才有可能产生购买意愿。在重视功能性和合理控制成本的基础上，这套书在装帧设计上充分考虑少儿读者的审美喜好以及他们的视知觉特点。少儿读者偏爱新奇、生动、趣味等特征鲜明的图像形式和明亮鲜艳的色彩，因此在图书开本的选择上，我们选择了既适合绘画使用又相对节省成本的特度8开，内文采用单黑印刷，为了弱化单黑造成的色彩单调感，用趣味感强的图形变化来活跃和美化内文版面。封面选取书中具有代表性的线描作品作为满版底图，使用高明度、高纯度色彩和趣味感强的线条以及图形来设计，主书名使用渐变色立体效果的卡通字体并采用UV工艺，增强视觉效果，同时融入孩子喜爱的彩虹桥、彩色泡泡、太阳花等设计元素。

这套书还站在消费者需求的角度做了细节设计。封面的广告语使用了更容易让读者产生共鸣的第一人称表述，如“开动手脑，我也可以成为大师！”“用心观察，描绘我们的生活！”等。封底展示了符合分册内容定位的主旨概述和课程目录，让读者迅速了解图书内容。

一本能获得读者认可的书，不是简单的来稿编排、加工就能做出来的，而是需要充分发挥编辑的创造性，在选题调研、构思策划、内容设计、书稿编排、装帧设计等各个环节中倾注心力去精雕细琢，方能得到好的市场反馈。

四、跨界尝试——新媒体时代下少儿美术图书的求变

长久以来，少儿美术图书读者群体主要分成两类：一类是少儿美术培训机构的教师和学生，这类群体为主要读者对象；另一类是家长。近年来，随着多个大型品牌培训机构的崛起，很多中小型培训机构纷纷加盟，成为加盟校。大型美术培训机构大多给加盟校配备完善的课程系统，加盟校一般不需要另购图书。然而，没有加盟大机构的中小型培训机构因为生源竞争激烈，都纷纷打出“创意化教学”的商业噱头，宣称不使用书本教学，而是“从玩中学画”“从游戏中学画”等。这些情况对少儿美术图书市场造成很大冲击，面对严峻的市场变化，我认为可以在满足培训机构师生群体的用书需求上，发展更多有家庭美术教育需求的家长成为读者群体。2020 年，中共中央办公厅、国务院办公厅印发的意见提出“探索将艺术类科目纳入中考改革试点”。这一政策“风向”很可能会在一定程度上推进家庭美育普及，对扩展少儿美术图书读者群来说是个机会。

在此背景下，我社的“童绘美术馆丛书”系列少儿美术图书的出版源于一个契机。2020 年 4 月至 5 月疫情防控期间，学校将很多学科的学习都转到了线上，网课开始逐渐普及。除了学习语文、数学等文化课，许多喜欢绘画的孩子也很期待在家就能学习画画，这给我们发展家庭美术教育读者群体提供了机会。我们可以通过网课的形式向家长宣传推广少儿美术图书，还可以通过网络与读者进行交流互动，针对使用少儿美术图书开展家庭美术教育的可行性和读者需求做调研。

○ “童绘美术馆”直播活动现场

于是，我社联合广西邕华图书有限公司在直播平台上推出“童绘美术馆”直播系列课程。我社编辑部和图书营销中心协作，在连续六个星期的周五晚上，举办网络视频直播活动，每场时长约一个半小时。该系列图书的主编陈夏玲老师作为活动主播，抽取图书中部分精彩课例，给小读者们直播上网课。直播活动设计了丰富多彩的互动环节，如直播互动有礼环节，该环节从观看直播的观众中选拔小主播参与直播，选拔投稿作品进行线上点评、展示等，“童绘美术馆”收获了一批热爱绘画的可爱小学员。同时，我们通过直播这种网络媒介，把艺术知识传递给孩子，培养孩子在艺术方面的兴趣爱好和知识技能。“童绘美术馆”直播课程不仅丰富了孩子在疫情期间的居家学习生活，也体现了该图书的社会效益。

通过与读者的网络互动，我们获取了更多的一手读者信息和他们的使用反馈，发现家长确实有让孩子接受家庭美术教育的需求，也了解到家长开展亲子教育活动时存在的困难。家长对美术往往有畏难心理，觉得自己不是美术专业人士，不知道怎么引导孩子画画，担心教不好。另外，画画需要用到许多不同的画材，很多家长不知如何选购合适的画材。于是，朝着发展家庭美术教育读者群的目标，针对家庭开展美术教育存在的问题，我社和中艺网络科技股份有限公司合作，将图书与画材结合，设计了一款少儿美术文创包，

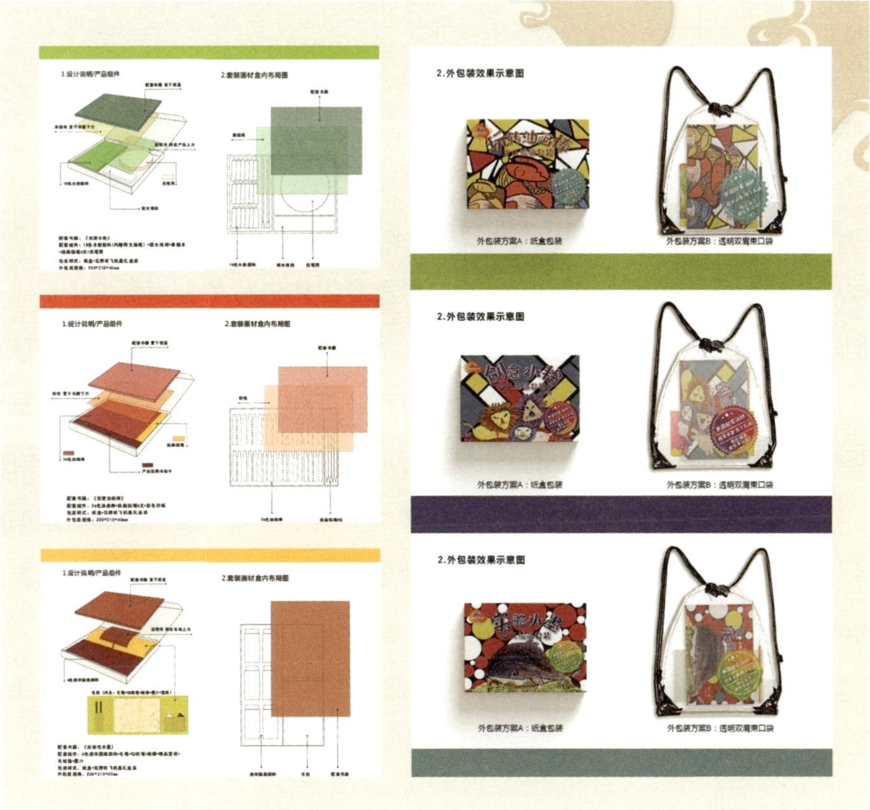

○ “童绘美术馆丛书”文创包设计稿

便于家长在家中开展亲子美术教育。文创包附有使用说明书，说明书“手把手”地教家长如何使用文创包开展家庭美术活动，并配有视频二维码，家长可以扫码观看教学步骤，更轻松地开展亲子教学。文创包的外包装是一个透明的PVC 双肩背包，让人对里面的物品一目了然。该背包日常用途多样且可以反复使用，包上印有“童绘美术馆”的商标与二维码，有助于让读者成为我们的“带货人”和“品牌宣传员”。在设定这套文创包的销售渠道上，我们希望能借助合作画材品牌的渠道进入目标购买人群多的文具店进行铺货。目前这套文创包的开发和推广还在摸索阶段，仍面临着许多问题和挑战，今后还需要做更多的尝试。

五、结语

2020 年 10 月，中共中央办公厅、国务院办公厅印发《关于全面加强和改进新时代学校美育工作的意见》，对美育工作进行了全面部署，标志着我们进入新美育时代。在新美育时代的大背景下，少儿美术图书编辑应该用更广阔的视角和发展的眼光，时刻关注教育政策和少儿图书市场，去发掘市场契机，从而发现好的选题，秉持一颗责任心，自始至终都精雕细琢每一本图书。

无论是做校内美术课本还是做校外美术辅导图书，我们编辑所做的都是为了能在孩子心中种下一颗“美”的种子，给孩子的未来生活带去更多的快乐与幸福。这也正是我们做少儿美术图书编辑的初衷与使命担当。

愿我们都能保持初心，用心、用情把少儿美术图书做好，种一颗“美育”的种子。

（本文作者系广西美术出版社第四编辑部副主任）

书籍自有命运

——谈谈艺术类图书出版的小角落和大天地

韦丽华

1950 年，《艺术的故事》由英国费顿出版社出版，至今已有 72 年，这本书就像大自然的花朵一样遍布地球的每个角落。它和人一样有了生命，而且大有超越人类寿命之势。

1984 年 3 月，贡布里希曾在《艺术的故事》第十四版前言中欣喜地写道：“‘书籍自有命运。’当年首作此论的罗马诗人绝对不会想到他的诗句会连续若干世纪递相抄录，两千多年以后还能出现在我们图书馆的书架上。以此衡量，本书还是个后生小辈。尽管如此，当年写作时，我也不可能想到本书将来的生命会像现在一样。”

《艺术的故事》至今取得的傲人成绩：被誉为“西方艺术史的《圣经》”；是英美媒体评出的“20 世纪影响人类的百部著作”中唯一入选的艺术图书；全球授权 36 种语言，销量达 800 万册；等等。这不但是作者贡布里希的骄傲，同时也是编辑和出版社的骄傲。从编辑和出版社的角度来说，这样的一份做书答卷，对于一本艺术类图书而言简直难以想象，甚至可以说百年一遇。

一本超级畅销书的背后，必定与时代背景、出版环境、社会需求，以及编辑的眼力、脑力、笔力等有很大的关系。只有具备了一定的条件，书与人的相遇才成为顺理成章的事情。而一本书只有遇到合适的编辑，才有了生命，能焕发生机。图书与编辑是相辅相成、相互成就的关系。

时间扑不灭经典之火

《艺术的故事》有很多的故事值得全球出版人津津乐道。作为艺术类图书编辑，我想很多同人和我一样都曾试图去了解和分析《艺术的故事》，去研究其畅销的原因和逻辑，给今后的编辑工作提供参考。我个人粗浅地认为《艺术的故事》有几个比较突出的特点：

一是内容经典。以故事的形式串联起一部艺术的发展史，内容不受时效限制，历久弥新，永不过时。贡布里希讲述他的写作目的是“在大量煊赫的作品中，为丰富的人名、时期和风格找到浅显易懂的秩序来”。译者范景中教授认为：“《艺术的故事》的真正奇迹，也许在于，它叙述的手法是如此简单，可又总能创造一种意外的感觉。”《艺术的故事》因其内容经典、笔法平实、叙事清晰，被认为是艺术类图书中最著名、最流行的著作，是一代百科全书式大师的巅峰巨著。

○ 《艺术的故事》作者贡布里希

二是语言风格独特。作者的学术背景、教育经历、个人天赋、性格特点等直接决定了图书内容的质量和风格。范景中教授认为：“全书的情节有些像听音乐的展开。”“引人入胜，有种天然高淡、不琢自雕的美好，它仿佛焕发出无穷的魅力，牢牢吸引着我们。”同时，范教授还认为贡布里希的叙事风格和形式分析的特点显示了其传统渊源，与他受过的大学教育有紧密联系，而他叙事的音乐性主要与他的音乐修养和诗人天赋有关。《艺术的故事》文笔轻松幽默，叙述活泼生动。这种幽默的叙述风格与贡布里希的个性有极大关系，他的文字是个性的自然流露，能让读者产生一种贡布里希站在面前讲故事的现场感和真实感。每次捧读《艺术的故事》，我都能感受到作者充满魅力的表达方式，不禁感慨：世界上只有一个贡布里希！

三是编写准则既有广泛性又具代表性。贡布里希曾在《艺术的故事》前言中说明，他在撰写《艺术的故事》时，决定少用术语，坚持用浅显易懂的语言，凡是没有给出插图的作品概不论述，而只论述那些真正的艺术作品，排除那些只有趣味或仅被当作时尚标本的作品。作者还强调在选择作品时不要被个人的观念所影响，以免有些杰作被个人偏爱的作品排挤出去。此外，《艺术的故事》还有些编辑准则也同样值得借鉴，如严格遵循“图随文走”的原则，即文字部分论及的图片，必须和文字出现在同一页面，以确保阅读的舒适性；在每一章节的结尾，都挑选一幅表现艺术家生活和社会的典型图画当作结尾的补白图案，让它们组成一个独立的小系列，揭示艺术家和他的观众的社会地位是在变化之中，同时也“宣告”章节的结束。

对于一本引进版图书，译者非常重要。《艺术的故事》的译者为范景中教授，他长期从事美术史、美术史学史、中西美术交流史以及相关人文学科的研究工作，并着重于把美术史

○ 《艺术的故事》译者范景中

的研究与人文科学研究相结合，成果丰硕，影响深远，其有关美术史、美术史学史方面的研究在国内独具特色。据说范教授的讲座场场爆满，一“座”难求。他的学术成就和地位给《艺术的故事》中文版的畅销插上了翅膀。显而易见，对于引进版图书而言，有高质量的原著，有高水平译者的加持，再加上做书环节的精益求精，图书销量的攀升只是时间问题。

《艺术的故事》如今享誉全球，不仅英文版出版了平装本、精装本、袖珍本和豪华本，中文版同样也推出了四个版本。我们再来细数它的优点，梳理它成功的脉络，发现这本由时间孕育起来的图书，其内容、作者、译者、装帧设计等如今看来每一项都臻于完美，甚至其成书过程都充满了戏剧性，这一切变成了《艺术的故事》丰厚的财富。

○ 自2008年以来，广西美术出版社已出版《艺术的故事》的四个版本

《艺术的故事》英文原版的出版过程充满了戏剧性和传奇色彩。据范老师的文章叙述，出版商找到贡布里希，本来是想请他写一本关于儿童美术史的书，结果被贡布里希断然拒绝了，因为他认为美术史不是给儿童看的。出

版商不甘心，换了思路说写给年轻人看。贡布里希就写了一些内容，出版商拿给自己还不满 20 岁的女儿看。他的女儿看了内容后反馈说很好，于是出版商要跟贡布里希签合同，还给了他 50 英镑的预付金。50 英镑在二战刚刚结束时已是一笔不少的酬金，但贡布里希不想写，觉得一个学者把书写得太浅显是一件丢面子的事。他还是想写论文，认为只有高深的论文才能帮他找到工作。巧合的是，这个出版商和贡布里希的父母住在同一个小区，贡布里希每次去看望父母时都遇到这个出版商。贡布里希就说要把这 50 英镑退回去，不写了。出版商说不行，他不要钱。贡布里希刚经历了六年的战时监听工作，也想考验一下自己还记得多少美术史，于是请了一位女士打字，他口述，只花了几个月的时间，几乎是凭借记忆完成了这本书。1950 年，《艺术的故事》出版，当时的贡布里希 41 岁。

《艺术的故事》能诞生，这位出版商发挥了很关键的作用。首先，他慧眼识作者，在跟贡布里希约稿的时候，贡氏还属于籍籍无名之辈，但他显然是通过贡布里希提供的内容发现了贡氏的潜力。其次，他有做书的韧劲，可以在三番五次被拒绝后依然不放弃。如果他很快就放弃的话，恐怕就没有《艺术的故事》了。相比于去竞争签约一些名家、名作者，能挖掘一个默默无闻的作者并把他培养成名家，这样的过程对于一个编辑来说更有成就感，这也是《艺术的故事》早期编辑最成功的地方。

每一本书、每一个版本都有它的故事，《艺术的故事》中文版也有其传奇的故事。中文版曾经由其他出版社出版，但并没有在图书市场上产生太大的影响。在这一点上，《艺术的故事》和百万级别畅销书《蛤蟆先生去看心理医生》有着惊人的相似，都是经过多次出版后才最终焕发生机的。从 2008 年引进出版至今，《艺术的故事》与《伯里曼人体结构绘画教学》并驾齐驱，成为广西美术出版社两大头部产品。2017 年清华大学校长将《艺术的故事》

作为赠给新生的入学礼物，更使这本书在国内家喻户晓。

时间可以消弭平庸，也可以孕育经典。《艺术的故事》这把具有金子般智慧的焰火不仅没被无情的时间扑灭，还继续熊熊燃烧，而且必将成为时间长河里永恒的经典。

夹缝中也有春天

2015 年，我去参加美国图书博览会（BEA），在一个美国出版商的展位上见到一本英文书法图书，它有着蓝色的封面，封面上的字体漂亮又飘逸，正是我多年前练过的字体——英文圆体字（也称铜版体），我敢肯定这是我见过最好看的圆体字！

上大学时，因为想要把英文写得像点样子，我从大一开始一直到处找英文字帖，可是跑遍了南宁的书店也没见着几本满意的。直到暑假去柳州逛街时才在一个书店看到一本小小的由北京工业大学出版社出版的《英文字帖》，我如获至宝。后来到广西美术出版社工作，同事找我写英文粉笔字。好久不练字的我又临阵磨枪，快速重温了一下圆体字，写了一个中午以两幅作品交差，没想到被同事录用到《三笔字教程》，这件事给了我很大的鼓舞。

如果说我在大学时往心里种下了英文书法的种子，那么这次经历便是在种子上浇了水，而当我在 BEA 上看到这本圆体字教程时，种子一瞬间发芽了。虽然离开大学已经 10 余年，我参加了很多书展，也逛了很多书店，但并没有一本特别出色的英文字帖进入我的眼帘。而且，这是我见到的第一本专门讲述圆体字的书。当年我作为初学者、作为一名普通读者四处搜寻这样一本图书而不得，如今我作为一名编辑，是否有必要去开发这样一个选题呢？直觉告诉我，这本书可以尝试做！我立刻跟版权经理表达对这本书的兴趣，但需要回去评估。这可是广西美术出版社从未出版过的题材。

当然，以前的经历告诉我，前人没有做过的题材，推进难度必定较大。单凭直觉和心动是没有说服力的，必须认真考虑几个问题：这本书符合广西美术出版社的选题方向吗？目标读者是谁？同类书情况如何？

广西美术出版社一直以来坚持专业化出版道路，出版的图书涉及艺术生活、实用设计、基础技法、艺术画册、文博鉴赏、艺术理论、少儿读物、教育、书法篆刻等九大图书板块。圆体字具有专业性特点，虽然可以归入书法板块，但它属于西方的书写风格，与反映中国传统书法文化的书法篆刻板块不太匹配，读者群也不一样。书法篆刻图书的目标读者是中国传统书法家、中国书法爱好者等，而英文书法图书的目标读者主要是英语学习者，目标读者可以说相差十万八千里。单从目标读者的角度，这本书的销售已经跟我社的销售渠道相脱离。但它也有优点，全国学习英语的人不少，学生群体数量庞大，这本书至少适合初中及以上程度的学生阅读和使用。

但是，市场部调查后反馈，市场情况并不乐观。我请高校老师，尤其是外国语学院的老师做进一步的市场调查，反馈回来的信息很直接：很少有学生专门练习写英文个性化字体，这种图书没有市场。我的心凉了半截，看来十多年过去了，外国语学院的学生对英文书写的需求变化并不大。想想自己上大学的时候，全班 23 个人才有 2 个人练英文书法，现状确实如此，少数人的需求不能代表大众的需求。于是我又通过网络书店和出版数据服务平台等了解同类书出版情况，调查数据显示，同类书非常少，这让我很纳闷：是市场根本不需要这类书呢？还是这类书还没有被发现或开发？

市场调查没有带来自己期待的结果，我很沮丧，于是我又问了自己三个问题：真的想做这本书吗？真的觉得值得做吗？如果出版了卖不动，自己能承受损失吗？

回顾自己的编辑生涯，我确实遇见过很多好书，心动的时候也很多，但版权贸易竞争激烈，很多好书往往都止步于心动，这样的经历不少。这次没有其他出版社参与竞价，难道就放弃了吗？回想起自己之前跟《秘密花园》的引进擦肩而过，不就是因为缺少一点坚持吗？

我社总编曾在选题会上说过一句让我印象深刻的话，他说编辑在陈述自己的选题时要有底气，如果编辑对自己的选题都没信心，就不要报这个选题了。经过一番市场调查后我发现，这本书的销售渠道、目标读者都不太明朗，我的底气找不到现实依据，信心受挫，如果还要继续推进只能凭借一腔孤勇了。

我在想，《我的野生动物朋友》在2002年掀起自然类图书阅读热潮，《秘密花园》在2015年掀起涂色书阅读热潮，《蛤蟆先生去看心理医生》在2021年掀起心理学图书阅读热潮，这些百万级别的超级畅销书都发挥了带动读者和引领阅读潮流的作用，我们是否也可以大胆地设想一下，让圆体字这本书来填补英文书法的图书空白，或者更大胆地去引导市场和读者，让更多人爱上练习英文书法呢？

这么一想，对于上述扪心自问的三个问题，我的答案变得肯定：不尝试永远没有可能，况且这本书投入也不大！

选题经过争取获得通过，但出书过程中我的心情却起起落落，与其说是因为担心出版后销量不佳造成损失，不如说是担心自己的愿望落空。市场调查并没有给我带来太多的信心支撑，唯一能支撑自己的就是心底美好的愿望了。在心情忐忑不安之际，封面设计方案却让我眼前一亮，瞬间给我打了一剂强心剂，让我信心倍增。中文版封面的颜色也是蓝色，色调却比原版更柔和、舒适，封面上圆体字的摆放形式也比原版封面更灵动和富于变化，让人爱不释手。

2017年1月，这本书终于面市了，书名为《美国英文书法手册：圆体字》

（以下简称《圆体字》）。我一方面舒了一口气，另一方面又开始惴惴不安，不知道图书市场会对这本书做何评价。

上市大约三周后，市场部同事告诉我一个好消息：在我社的官方网店，有个客户一次性下单1000册！我有点不敢相信自己的耳朵，打开网页一看，《圆体字》已经冲到网店图书月销量榜单的第一名。这一单意义重大，说明市场确实对这本书有需求。

我立刻联系这个大客户，跟他一聊才发现，原来我们之前做市场调研，把《圆体字》的读者群锁定在学生群体，显然对目标读者的判断出现了偏差，其实国内可能早在我和我同学之前就已经存在英文书法爱好者群体，经过这么多年的发展，这个群体逐渐形成一个圈子，集聚了各行各业的英文书法爱好者，他们倡导把英文书法融入生活，英文书法俨然已经成为一种潮流文化。原来这里别有洞天！

除了英文书法爱好圈，实际上设计、广告等行业的人群也是这本书的目标读者，由此看来，这本书的读者群与我社的常规读者群是有重合的，只不过英文书法

○《美国英文书法手册：圆体字》

○《圆体字》作者埃莉诺·温特斯及其丈夫。图片下方为《圆体字》英文原版图书

对我社来说是一个全新的题材而已。

2017 年 4 月，市场部送来《圆体字》的加印通知单，《圆体字》首印三个月后加印，虽然没达到月销数万册的畅销书级别，但这个成绩在艺术类图书里已经出人意料，这使我的精神为之一振。

2017 年 5 月，我和同事去参加 BEA，其间，专门去拜访了《圆体字》的作者埃莉诺·温特斯。她热情地邀请我们到她的住所，并带我们参观了她的工作室，《圆体字》正是在这里被创作出来的。她跟我们说，她有一天收到美国出版商的稿酬单，才知道《圆体字》出版了中文版，她已经好久没收到那么大一笔稿酬，真是很大的惊喜，她很感激我们。我们一听也很开心，能给作者带来不错的报酬，这也许是做编辑最幸福的时刻了吧！

万事开头难，但一件事情一旦开了个好头，后面似乎就会顺利许多。《圆体字》为我们打开了一扇新世界的大门，肯定还有同类好书等待我们去开发。我们加快搜寻同类书，一时间英文书法图书源源不断地进入视野，同时我们与线上英文书法专营店开展深度合作。首先是严格遴选内容，紧密结合市场发展方向，做到优中选优；其次是达成印前包销合作，降低成本，实现共赢；再次是效仿杂志的做法，进行广告合作，不仅有额外的广告收入，同时也为读者购买配套或专业的笔具提供了便利，可以称得上两全其美。

2019 年，我社从英国引进的《英文书法 24 课》《花体字圣经》出版；2020 年，分别从中国台湾和法国购买版权的《美国英文书法手册：斯宾塞体》《字母工坊》也相继推出；接下来，《写给少儿的英文书写课》《圆体字练习册》等图书也即将面市。经过两三年紧锣密鼓的策划和编辑出版，我社英文书法图书板块初具雏形。

截至 2021 年底，《圆体字》已经印刷 10 次，销量近 10 万册。而《英文书法 24 课》等图书也在逐步加印。我们以打造精品图书的态度来对待英文书法板块的图书，使板块中的每本书既有各自的独立之美，又与其他相协调而达到整体统一。我们在内容、开本、装帧设计和合作形式上均试图打破传统，力图出新出彩，不仅取得良好的经济效益，也产生良好的社会影响，给读者带来了美的体验。经过精心编辑和设计的英文书法板块的图书也给我们带来了意外的惊喜。在首届广西书籍设计大赛上，《字母工坊》和《美国英文书法手册：斯宾塞体》分别获得了铜奖和优秀奖。

回顾英文书法板块诞生的过程，有心动，有彷徨，有坚持，有摇摆，也有惊喜，做书实在是一个让人历经风霜又欲罢不能的事情。我没想到，学生时代心中的那簇小火苗在十多年后能为我的编辑工作助力，也没想到山穷水尽时，再坚持一下又是柳暗花明。现在我相信，在做书过程中，只要我们用心去感受、去体会、去发现，夹缝中也有春天。

○ 英文书法板块的图书销售页面

○ 《字母工坊》荣获首届广西书籍设计大赛铜奖

与编辑式创作者相处的哲学

前面我讲了一本书和一个板块的故事，接下来我想讲一个作者的故事。

2019 年 8 月，我社在第 26 届北京国际图书博览会（BIBF）上举办了《日常与游记：武艺描述的大船和京都》中日同步出版暨新书发布会。该书是广西美术出版社与中央美术学院教授武艺合作的第 8 本图书，至此，我社与武艺老师合作已长达 15 年，而武艺老师也以约每两年出版一本书的速度实现着他的创作理想，表达着他对创作和出版的执着和热爱。

早在 2004 年，武艺老师在我社出版了《武艺水墨画集》，开启了双方第一次合作。游历巴黎时，武艺老师创作了 400 多幅小画，配以文字，于 2005 年在我社出版了第二本图书《巴黎日记》。这是武艺老师的第一本日记体图书。

图书出版带给武艺老师不一样的体验。最开始，图书只是发挥了记录和总结的作用，慢慢地，图书成为武艺老师创作的一部分，成为他除了绘画以外另一件喜爱的事情。

从《巴黎日记》开始，武艺老师逐渐形成了游记式创作的个人写作范式，试图通过游历和观察，进行绘画和日记的复合创作。武艺老师或许深知艺术作品创作出来之后参加展览只是暂时的，要给它们寻找持久展示的橱窗或载体，图书是最理想的选择。图书相对是永恒的，而且图书出版还能赋予艺术家另一种文化身份。绘画和图书相得益彰，这种编辑式的创作路径，使武艺老师在艺术家中独树一帜。

疫情暴发前，武艺老师几乎是规律性地每隔一段时间去一个城市，不是简单地待几天，而是一待就是一两个月或数个月，中国敦煌、德国阿沙芬堡、捷克布拉格、日本镰仓和京都等很多地方都留下他游历的足迹和写生的身影。在外沉浸于创作的思考和乐趣中，回来便开始着手图书出版事宜，这已经成

○ 武艺的第一本日记体图书《巴黎日记》于 2005 年由广西美术出版社出版

为武艺老师例行的生活和创作程序。

从2004年开始，武艺老师在我社出版的图书可以拉出一份长长的书单了：《武艺水墨画集》（2004）、《巴黎日记》（2005）、《武艺作品》（2007）、《大船》（2009）、《逗留》（2010）、《穿行》（2012）、《先贤像传》（2015）、《日常与游记：武艺描述的大船和京都》（2019）。这些图书从封面设计到内文版式均崇尚简单、自然的风格，封面元素包括书名、作者等都由武艺老师亲自手写或手绘，追求的是“简简单单、大大方方”的设计理念。如今看来，这些封面不仅不过时，还散发出历经岁月沉淀依然清新别致的独特味道。

我有幸从《大船》开始负责武艺老师图书的编辑工作，因而得以通过他的视角去观看国内外诸多美丽的城市，去感受艺术家眼中的城市面貌、风土人情和日常烟火。我常常惊诧于他把普通平常之物表现得如此别具一格，总是能在所思所想里透露出趣味、诙谐、生动以及日常的美好。

艺术家进行户外写生是很稀松平常的事情，但我第一次见到有人不仅用画笔写生，还用文字写生。武艺老师在巴黎的时候，有一次太阳下山，眼前出现的景象就像是一幅印象派的作品，因为手上只有铅笔和纸，很难展现当时的景象，于是武艺老师用文字记录下眼前的一朵云，足足写了 1000 字，回去再根据文字进行绘画。看武艺老师的书稿，常常不得不叹服他记录的翔实，时间、地点、景色、人物、细节、感受，应有尽有，最重要的是他的文字耐读且富有趣味，令人忍俊不禁。

图片和文字是艺术类图书最重要的构成。武艺老师的图文具有独特性和史料意义，遇到像武艺老师这样能画能写的作者对于编辑来说求之不得。只是我刚开始跟武艺老师的联系几乎只停留在文字上。直到 2018 年负责《日常与游记：武艺描述的大船和京都》的编辑工作时，我突然意识到我们跟武艺老师的合作应该有更多的可能。这一年，广西美术出版社日本编辑部在日本挂牌成立，我社将与日本新华书店株式会社进行深度合作，这是我社出版从“走出去”向“走进去”的一次重要迈进。我预想这个平台的成立将会给以游历国内外城市为主题进行文本和艺术创作的武艺老师以及双方的合作带来契机。

《日常与游记：武艺描述的大船和京都》的出版时机合适，我和同事立刻着手与日本编辑部推进出版中文、日文两个版本，并策划和举办宣传推广活动。2019 年 8 月，新书发布会在第 26 届 BIBF 上举办，武艺老师指定作为责编的我担任主持人，这是我和武艺老师从多年的电话和纸面上的联系走到现实中的第一次相见。人与人的联系从抽象走到具象，人仿佛从沉睡中苏醒了，思路也开阔了。我们实现了《日常与游记：武艺描述的大船和京都》中文、日文两个版本分别在中国和日本同步上市，并借助日本编辑部，在日本图书主流销售渠道——淳久堂书店和大型电商网络平台上架销售，不仅实现了出

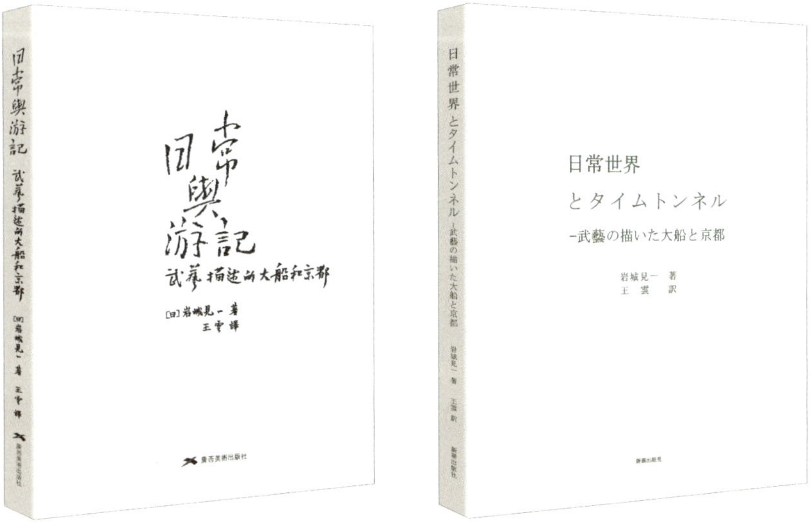

○《日常与游记：武艺描述的大船和京都》中日版本同步推出

○ 出席《日常与游记：武艺描述的大船和京都》中日同步出版暨新书发布会的领导和嘉宾合影

版“走出去”，而且实现了出版“走进去”。

新书发布会成功举办，但时间有限，我们感到意犹未尽。2019年10月30日，我和同事与武艺老师相约出差上海，一是为讨论新书书稿，二是去采访发布会的特邀嘉宾——当代极具影响力的学者寒碧先生。在这段充实、快乐又堪称奇妙的旅程中，我们接触到“艺术家中的艺术家”——怀着“一身武艺”的武艺老师的另外一面。

一天晚上，武艺老师约我们和寒先生吃晚餐，吃完在星空下围坐聊天至深夜，离开后我们先走路送寒先生回家。上海的法式洋楼在月光下影影绰绰，漂亮极了。路程不远，我们很快便走到寒先生的家附近。眼见寒先生的家就在对面的大楼，但要过马路，看着寒先生走路晃了晃，我不放心，扶着他快速穿过马路。到了对面我们一回头，发现武艺老师和同事不见了，转了一圈都没看见人影，我和寒先生慌了，寻思该不会是哪辆车经过把他们掳走了吧。再转身四处搜寻，两个人真的像突然蒸发了似的！我们百思不得其解。大概过了一分钟，可能是看到我们无助又慌乱的样子，在路边一个方形的设施顶上突然冒出来两颗脑袋，原来他们在那！同事“揭发”说是武艺老师让她一起躲起来的。原来如此，武艺老师真会玩儿啊！这一刻，我猛然明白为何武艺老师创作的图文如此有趣味，“文如其人，画如其人”真实地反映在了武艺老师身上。

11月3日我们从上海返程，几天之后，武艺老师发来北京画院院长吴洪亮的文章《相处——浅析武艺》。我回想起跟武艺老师在上海的经历，甚感“相处”这两个字贴切。吴院长认为：“武艺在不同地方深度游历，那些画可以看作是他的‘游记’，但确切地说，他画那些地方的状态并不是浮光掠影的一瞥，而必然是以生活的状态融入当地的日常，朝夕相处，直到将某些他感受到的东西全然消化，图像才能从笔端生长出来……武艺希望通过作品抓取对象的本相，因此选择了长时间地与他好奇、关心的那个世界在一起。”我在想，莫非武艺老师做书也如此？

2019 年 12 月，第七届“艺术长沙”双年展在湖南长沙举行，我在展览上见到武艺老师的书法作品《相处》，仿佛一下子理解了作品的内涵，我相信武艺老师的“相处”哲学已经远远超越“相处”二字的普通含义。

这些年跟认真、用心、幽默又独树一帜的武艺老师一起做书，我收获的不仅是具体的图书出版成果，更重要的是在做书过程中获得了一位编辑式作者对我的提携、帮助、教导和启迪，这才是编辑生涯中最有价值和最珍贵的东西。

艺术类图书的出版工作说到底是美的工程，可以着眼小美，比如《圆体字》；也可以放眼大美，比如《艺术的故事》；还可以发现美、塑造美，比如武艺老师的文本样式。相信只要做好文本，书籍自有命运！出版行业是个创意产业，出版是从创意到小美再到大美的过程，留给编辑的是无限的发挥空间，有小角落的自得其所，也有大天地的叱咤风云。我相信只要敢想、敢开拓，卢浮宫也会跟你合作！

（本文作者系广西美术出版社版权部主任）

编辑创新的行与思

何 伟

我们常说，编辑是知识的摆渡人。然而，简单从“摆渡人”三字字面来理解，并不能准确读懂图书出版编辑的特性，因为图书出版，不仅是把知识从此岸送到彼岸，而是编辑在此过程中，注入自己的心血，为书稿能动地增添附加值，在图书上留下自己的心智烙印。

在此过程中，打造精品的信念、平日积累的见识、资源整合的能力、多角度开掘的深度，直接决定了图书内容呈现及精神内涵扩张的程度。因此，图书编辑之旅，不是被动的文字“搬砖”之旅，而是思想、文化、艺术的探索之旅，还是自我成长与自我发现之旅。

追求卓越，提升颜值

我的出版职业生涯，是从教辅图书的编辑出版开始的。转型做一般图书后，通过观察与学习，我发现，不同的编辑人员所出品的图书的精神面貌大不相同。这不同的背后，除了有学识与见识，还有情感与态度。常年保持工作激情的编辑爱“折腾”，每个环节都精益求精，出品的图书从内容品质、装帧质量、印装质量到宣发定位，都显见考究，出新出彩。在编辑过程中，他们通过自己的创意，使书稿的质量（包括内容与外在形式）得到提升。其间，他们投入精力来注重、介入装帧设计，提升图书外观颜值，以此作为提高书稿附加值的重要一环。

2011年，我开始组织出版“文学名家广西行”系列丛书。第一本书的封面设计是实景照片加书名。这样的图书形貌过于图解化和套路化，这缘于我当时没有对设计投入自己的思考。这个缺失反映出自己的短板，随后我便自觉地恶补相关知识。通过阅读图书、观看展演、观赏书法、绘画、欣赏音乐、观看电影等，储备必备的知识，而后将这些知识运用于实践中。这时，我就感觉到眼界开阔，浮想联翩，能够触类旁通。因此醒悟到尊重美术编辑的重要性，明白书籍设计不只是为书做包装，“作品是作家和设计者共同孕育的‘精神之子’。作家完成他的内容（灵魂），设计者赋予他形式（容颜）”。封面应该是全书的剧透，要最先透露内容思想倾向和风格端倪。有了这样的认识，与美术编辑就有了共同语言，建立了共同奔赴并成就图书的意愿。

之后，我继续编辑“文学名家广西行”系列丛书的其他品种时，就不再满足于实景照片加书名这类拼贴的封面设计了。我提出，美术编辑也要和我共读书稿，共同提炼书稿的内容亮点，将理解转化为文化符号，改具象表达为抽象表达。在设计《看见天峨：文学名家天峨行》前，我们得知，天峨地处广西西北部，红水河上游，林场众多，符合大众对林木葱茏、层峦叠嶂的世外桃源的想象。天峨是著名作家东西的故乡，电影《天上的恋人》的拍摄地。而电影《天上的恋人》就是由东西创作的获得首届鲁迅文学奖的中篇小说《没有语言的生活》改编而来的。电影的上映，强化了天峨这个偏远之地幽美、宁静、朴实的文化标签。美术编辑提出以此为核心做封面设计，底色为白色，主图是两个圆形镜像交叉叠印，一虚一实，一灰一绿，营造纯净的诗性空间。用铜版纸粗糙的反面做封面正面，使之有平实朴素的视觉与触感。后来得知，“漓江年选”的封面用纸也以铜版纸的反面来代替特种纸，且持续10年都很受欢迎，让我有一种“英雄所见略同”的欢喜。《亲爱的环江：文学名家环江行》以具有明显的地域性与民族性的傩文化符号象征——傩面具为主图，底图为浅蓝晕染云图，封面选用松厚度大、手感绵软的灰色水纹棉纸，强化原始感、神秘感与拙稚感。《想·往金城江》以老河池旧照为上部底图，做旧成土金色，封面下半部以潘通金墨印刷，上下呼应，营造金色层次感，试图唤醒读者对老河池的回忆：抗日战争时期，神州震荡，很多文学大家、社会名流都从大都市向大后方撤退，从湖南经由桂林等地到达金城江这座名不见经传的小山城。比如赫赫有名的丰子恺、巴金、上海作家陈荡、黄花岗起义敢死队的队长徐维扬等。巴金还在老河池的小旅馆里翻译了王尔德的作品《自私的巨人》。另外，金城江是许多河池籍作家的文学沃土，是他们梦开始的地方。在我和美术编辑看来，金城江是有文学光泽的，因此，它自然是金色的。《致凌云》的封面设计比丛书中的其他“兄弟”要轻盈灵动，因为我和编辑团队把它做成了作家们写给凌云的情书。这样一来，四本书虽然开本相同，但是设计均与书稿内容相契合，体现了当地的精神气质与人文风貌，且各具个性。此尝试尽管步幅微小，却激发了我继续探索的遐想和动力。

生命在场，多维创新

提升图书封面颜值，只是改善了图书的外在形式，为书稿增加附加值还体现在校正讹误、重构叙事方式、增加数字衍生内容上。2017 年，张泽忠老师把国家社会科学基金西部项目“侗族建筑艺术的‘创造性转化’研究”（批准号：08XMZ021）终期成果《大地之居——一个东方音乐民族的建筑艺术》（下称《大地之居》）交给我。这部书稿通过大量的田野调查和扎实的前沿科学理论，对侗族的建筑景观进行文化和艺术的审视和探析，阐释侗族鼓楼、干栏民居、廊桥等建筑物所承载的文化内涵和审美内容，并且结合侗族大歌的艺术魅力，探析侗族作为东方音乐民族对诗意栖居的理解和推崇。作者的研究和写作前后用了 26 年。2016 年 11 月签订出版合同后，作者还继续修改了 17 次，仅与我的往来邮件就有 125 封。

张老师书稿的文字量是 10 万字左右，但图片有数万张。怎么编辑成书，我很忐忑。张老师建议我到侗寨看看，实地感受侗族居所“天地间充盈的诗性智慧和诗性美”，同时围绕“侗族文化”“侗族建筑艺术”，做好编前的“阅读必修课”。2016 年国庆假期，我与友人驱车到三江，当晚在程阳永济桥边的民宿住下。夜游程阳永济桥，青山高耸，绿树环抱，天地静寂，银河璀璨。次日，我们漫游八寨，鼓楼、吊脚楼、寨门楼等建筑布陈在寨子的环抱里。山寨依山造势、依水布陈，屋包山，山包屋，人宅相扶，感通天地，人和居所环境和谐共生。身居其中的我对“溪峒人家”栖居文化的旖旎、瑰丽及其诗性魅力有了粗浅的感悟。

书稿初审面临的首要问题是叙事方式的选择。书稿素材丰富，图书容量有限，如何取舍和处置，颇费功夫。我们尝试做了两个版式，都因图文排布过于拥挤被张老师否掉。张老师坚持图文相随的编排办法，却对图文如何从容流动暂无良策。此时，我想起著名图书装帧设计家吕敬人的“把一本书当一座建筑来做”的设计理念，其中一个很重要的概念是信息设计，即设计师要深入文本结构，让设计参与到故事的叙述中，通过设计语言、文字语言、图形语言的组合，使书稿内容得以立体呈现，形成一个有三维空间感的诗性建筑，形成一种审美性的记忆。鉴于书稿的出版时间和经费相对充裕，编辑团队专门购买许多相关或内容类似的图书、视频来进行借鉴论证，细心分析它们可供借鉴的亮点和长处。其间，我提出大胆借用电影《法国中尉的女人》的双线叙事方式，索性把文字叙事与图片叙事分开，以此确保文字阅读的流

○《大地之居——一个东方音乐民族的建筑艺术》实拍

畅度。图片则按主题呈现，每个主题有 4—8 幅图片，每张图各有说明，用主题词来串联并点明主旨。图文平行叙事，叙事逻辑相对独立。鉴于原脚注有大量的参考文献，我建议把部分参考文献置于文后，增加脚注的知识含量，即把正文中提及的建筑形态、建筑雕饰、栖居方式内涵的象征意义、宗教信仰、民间传说等以精当的文字呈现出来。整本书图片错落排布，文字讲究留白。这样编排后的图书信息流便有四种：正文、图片、脚注、视频，正文涉及前沿科学，有学术深度；图片浅显直观，实证主旨；脚注如零珠片玉，富有启发；12 条内容为祭祀萨玛、琵琶歌、鼓楼对歌、芦笙踩堂等的视频，是对正文的有效补充。如此，多维度对“诗意栖居”进行诠释、解读，不同形貌的内容互相贯通、互相映耀，图书精神面貌得以膨胀、扩张。

值得一提的是图片的选择。以往与学者交流时，学者论及选图标准，似与摄影家有所不同：摄影家追求光影、层次、构图、色彩的丰富与视觉冲击力，更强调图片给读者带来的视觉审美性；学者却认为，选图理同选材作文，图片里的文化信息、生活故事乃至情绪，都要贴近主旨，不可因求美而舍弃其叙事功能。数次的编辑讨论会促使团队达成共识：尊重张老师的选图标准，围绕“贴近大地”“依山缘水”“天、地、人、神和谐共处”的生存环境图景来选图。我们选了近 600 张图送工厂按纸张质地进行调色，最后选定了 300

多张。摄影者张清澍认为，部分图片未能真正体现他的摄影水平，略有遗憾。另外，有 4 位侗学专家参与了随书视频的制作。此书从签订合同到正式出版用时三年多。其间，作者、编辑团队合力从再创造的维度，精心处理文字、图片、封面、版式，包括纸张的质地等图书的有机信息。图书出版后，获得了广西第十六次社会科学优秀成果奖三等奖。

张泽忠老师是侗族著名学者和作家，他在既往的文学历练中产出包括小说、诗歌、散文、侗族文化研究著作等作品。此前我还编辑出版过他的散文集《闲笔种种》。2021 年，他创作了上百首诗歌，随书的湖南通道琵琶歌《只盼相逢如初见》视频制作和汉语歌词都出自他的手。2021 年 6 月 24 日，他最后一次在“大地之居”印制群发送视频《溪峒人家》，不久后病逝于家乡。

我把与张老师做书的故事写出来是想说明，即使面对打磨 26 年的专著，编辑仍有发挥创意的空间。同时感触最深的是张老师学人问学的认真、谦逊、温良、坚韧，以及精神上充盈的练达、通透、乐观向上的生命之气。跟这样的作者合作，我们编辑人员就能不断地扩展对民族审美的体认，获得精神上的熏陶，让我们朝着诗化的路程成长。

整合资源，追求极致

编辑与好书的相遇，有偶然，也有必然。当你在技术与心智做好了准备，机缘来临时，你就能抓住它。2017 年，我和宋安群老师共同策划出版《天籁地声——广西情歌之旅》《天歌地唱——广西当代山歌笔记》（下文分别称《天籁地声》《天歌地唱》）。两本书都获得了广西文艺创作铜鼓奖，后者还获评第十五届中国民间文艺山花奖 · 优秀民间文艺学术著作入围作品，获得了第八届中华印制大奖金奖、第 32 届香港印制大奖银奖，入选“百年风华‘君匋’

○《天歌地唱——广西当代山歌笔记》

第二届全国书籍装帧艺术展”，获得第八届中国高等院校设计作品大赛视觉传达类（教师组）一等奖。《天歌地唱》的获奖，实际上包括了内容、设计、印刷三类，之所以获得这些奖项，除了作品具有独特的文化价值，更因为写作、设计、印制、插图这四方面都努力做到极致，使这本书从内容传递到形式呈现都臻趋完美。

《天歌地唱》是第一部聚焦当代广西山歌研究的专著。作品视野开阔，研究方法独特，观点新颖；切入角度新，开掘层面深，涉及学科多。引征大量中外典籍和文化“大咖”论说，延揽国外最新的学术成果，提出了许多前人没有涉及的见解，对于民歌研究有积极的参考价值和推动意义。作品还立足学术，运用中国传统的笔记文体和评点方法，以轻灵的文字气象，追求浅近明晰的学术表达，创制了具有独特风格的作者个体情感与民间文学观察相结合的学术研究叙述样貌。这样一本书，是宋安群老师做了 20 年田野调查，并花了两年时间写作的成果，是一本能提供新知的真诚之作。

宋安群老师曾任漓江出版社总编辑和全国外国文学出版研究会副会长，在北京工作 6 年，独自全职专项主持中华书局出版的《当代汉语词典》的体例策划和编审工作；出版作品 13 部，演出、发表大型剧本 13 部，文学历练丰厚。更重要的是，他热爱民族文化，持续研究广西山歌，着意推动广西山歌在文明交流与融合的时代走出广西、走出国门，在文明交流与互鉴中越发强健地成长。在编辑出版其姊妹篇《天籁地声》时，插图使用的是民族特色浓郁的水粉画。而《天歌地唱》插图的配置，我希望能有所突破，寻找到民族性与现代性兼具的插图，如此，才能与作品的文化分量相匹配。

将剪纸艺术作为《天歌地唱》的插图，是心有灵犀一点通的事。2018 年我到北京组稿，拜访了中央美术学院教授乔晓光老师。乔老师给我讲述了剪花娘子库淑兰的故事。库淑兰生活贫困，窑洞里连电灯也没有。69 岁的她为了生计，常去崖畔采集草药。她的 13 个孩子被灾荒夺走了 10 个，只剩下一女两男。女娃嫁到外地很少回家，男娃成家后也很少回来看她。生活的磨难与痛苦并没有抹去库淑兰身上的人性光辉，她心地善良、乐于助人，用一把生锈的大剪刀，将五颜六色的彩纸剪剪贴贴，创造出一个属于她心灵的美好世界。剪纸被列入世界非物质文化遗产名录后，库淑兰成为联合国教科文组织评定的“民间工艺美术大师”。乔老师说，无论做学问还是做书，都要理解现实，要多读生活之书，生活之书会告诉你很多很多。我听得很激动，顿时，民间、剪纸、中国、世界、传统、当代……这些词在我脑子里交叉盘旋起来。

回来之后，我开始思考山歌与剪纸的精神关联，以及剪纸与我手头这本山歌书稿组合的可能性，越思索越觉得插图思路豁然开朗。我设法拿到了乔老师的剪纸，给宋老师过目，并谈了我的初步构想。宋老师几乎是马上认同了我的构想，确定了以乔老师的剪纸作为《天歌地唱》的插画。乔老师的剪纸属于当代剪纸，其文化基因、传统图案、文化信仰却是从民间传承转借过来的，但又比传统剪纸更简劲与优美，既有民间意趣，也有先锋性与实验性。我和宋老师商定，选用两类主题的剪纸——民间故事和村社文化，前者考量的是山歌和剪纸在题材、主题上的关联性，后者着意体现的是山歌和剪纸的开放性与包容性。当我们真正把两者放在一起时，我们惊喜地发现，山歌、剪纸两者在艺术语言与思维方式上是紧密连通的，两者都使用了“程式”与“即

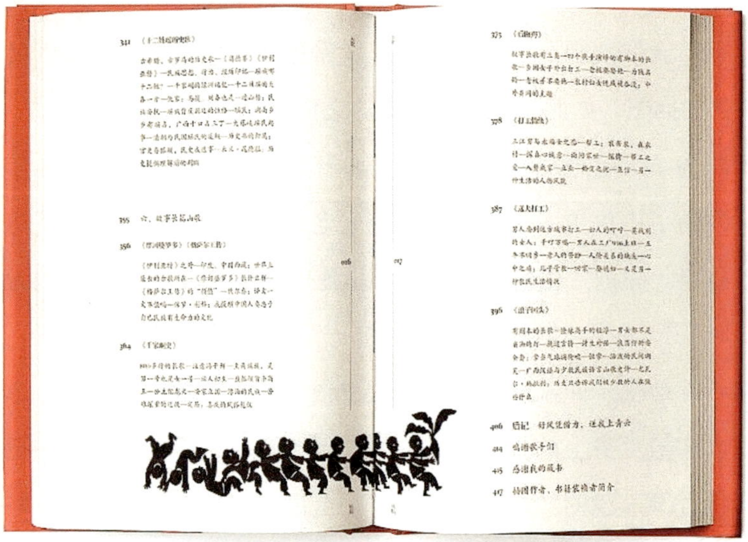

○ 跨越单双页的串联人物剪纸展现山歌的天真童趣和欢快的原始活力

兴”（添加）的艺术语言、谐音与吉祥的象征艺术语言、阴阳对偶的思维观念性语言。此外，无论是广西山歌还是剪纸，都是把人引回到人与自然的生存基点去感知叙事，启发我们理解非遗文化背后的精神所在，理解人性，进而理解广西、理解中国。这是从内容层面上的理解。从作者的层面，文字作者宋安群老师与插图作者乔晓光老师，都是“朝向当下”并“自我设限”于一个接地气的民间艺术领域，专注耕耘二三十年，同样做着“面向人民”的文学艺术，都很有生命激情，精神气质极为相像。所以把这两位老师的作品结合在一起，看似朴素自然，实则蕴含丰富的生命力，增强了作品的文化厚度。

在设计与印制的实操环节，文学语言、剪纸语言、设计语言如何组合，考验的是设计师对三者的认知。第一版的版式突出了剪纸的效果，黑底反白的剪纸很抢眼，因为剪纸本身具有很强的艺术张力，但是设计师陈凌认为主

○ 跨页剪纸图《孩子们的屋》昭示广西人珍爱乡土、珍视人生、享受生活的乐观态度

次颠倒了。艺术设计与文学表达都需要控制。又因为我们只获得了 20 幅剪纸的版权，如果被动地照单使用，那全书图版比例势必稀松，艺术感、纯粹性就要打折扣。于是，陈凌通过抠图分解打散，创造性地将 20 幅变成了 101 幅，让剪纸浸润全书，无论是“动物”还是“嬉戏的儿童”，都可自由穿行于二维的版面，强化了版面的生命力。山歌文字呈块状排布，彼此区隔，大小形成对比，在阅读上富有辨识度。她还把山歌作为主歌、剪纸作为副歌，两者交织，序曲强劲有力，中间或激扬或舒缓，使阅读有张有弛。虽然每一辑的辑封都使用了剪纸，但是剪纸从内容到幅面都是不同的，这种细小的变化也增强了读者的阅读快感。书末是“日常之诗”的满版剪纸，对这本复调式叙事的书做了有力的收束。

○ 封套背面为传统胶印印金，与正面的工艺形成不同色泽、触感的对比

在印制环节，我和陈凌反复向深圳市国际彩印有限公司的汪晓宇强调图书的文化价值与出版价值，也真诚地向汪晓宇表达了我们对印制的重视与期待：无论多么好的内容品质、设计创意都要通过承印材料与印制工艺转化成物化的书籍。书籍整体美感的创造依赖于工厂的优质资源，若在承印材料、印后加工工艺、装订技术等环节出现失误，我们前期的所有努力都将功亏一篑。因此，我们在印前6个月就组建了印制群，对图书的印制进行了全流程的监控。汪晓宇一面提醒我们要将材料、工艺作为独立的审美要素加以突显，要利用材料、工艺的特性创设变化，丰富阅读体验；一面给我们提供了多种组合方案，如选用不同克重、不同质感的纸张、布面上机打印，从而比较剪纸呈现出来的效果，重点是考量剪纸是否透背，纸张的白度、平滑度对图书艺术质感的影响。汪晓宇还提出，即便是印金，也要有变化。于是，《天歌地唱》的封套正反两面的印金就使用了传统的烫金、胶印印金、丝网印金三种工艺。

三种金色的色彩、光泽、厚度、触感不尽相同，各美其美。封套正面书名的印金最有光泽，体现书名才是主角，图案的丝网印金的色泽偏黄铜色，材料比烫金厚，背面使用的是传统胶印印金工艺。因为红色棉纸松厚度比较大，对油墨吸收比较多，色彩上更低调沉稳，形成红铜样金色。辑封上，陈凌设计的很多跨页剪纸图均在印刷厂工人的精细操作下实现精准接版。在对印制环节做复盘总结时，汪晓宇说，我们这本书的成功，很重要的一点是设计师与她进行了及早的对接，这使得她有时间在印制的各环节与其他人一起进行充分的讨论和反复的试验，以确保图书由思想内涵、文字传达、图像传播构成的内在美与通过材料和工艺加以物化构建的外在美实现统一。

在《天歌地唱》的编辑过程中，我最深的感触是，编辑、设计、印制对作品的理解和认同是合作成功的基础；相互尊重、相互鼓励、倾注感情、追求极致是制胜的关键。在图书审校到印制的全过程里，宋老师都以饱满的热情深度参与。我们的每一点努力，都会获得他的赞许，而赞许从来不是“表情包”，而是百字以上的精当点评。宋老师是创作、出版、翻译三栖学者，是学富五车的前辈，他对我们后辈的平视以及他的谦逊、严谨、认真，让我们很受触动。宋老师用他的方式告诉我们，做书也是做人，真实和真诚自有其意义与分量。

以上案例，讲述了以创新思维、专业精神编辑图书的实践与思考，尚未形成一套成熟的方法论，但我认为，对出版而言，无论身处哪个时代，都要保持政治敏锐度与政治定力，保持探索精神，关注现实生活，回应社会关切，才能生产出更多的符合大众需求的文化产品。因为出版人也是社会中的一分子，同样需要获得智识、寻觅意义，并从中汲取前行的动力。

（本文作者时任漓江出版社南宁出版中心总监，现任副总编辑）

为了让更多的读者看到它，我做了什么？

谢青芸

2021 年是我进入出版行业的第五年。作为一个曾就读于文学专业的文学爱好者来说，当一名文学编辑，算得上是“量身定做”的工作。但是作为一名文艺社的编辑，除了案头能力，图书出版后的宣传、归纳总结能力也十分重要。我将以原创图书、再版图书、主题图书三种类型的具体图书为例，分别从 IP 资源利用、市场投放、线下宣传等几个方面出发，聊一聊人文社科类图书在制作时和出版后的一些故事。

○ 漓江出版社于 2018 年出版的《灵渠》

一、原创图书 IP 资源的合理利用

在漓江出版社众多原创图书中，《灵渠》是一本不得不提的书。它的作者是黄继树。很多人以为它是一本讲旅游的书，但实际上，它是一部虚构类的长篇历史小说。

书中的故事发生在秦朝，据史料记载，秦始皇南攻百越，命监郡御史史禄开凿连接湘江与漓江之间的人工运河——灵渠，从而打通岭南与长江中原的水运交通网络，使秦帝国得以统一岭南百越之地。作者从构思到写作历时五年，以史禄为原型，讲述他督率中原军民及当地西瓯、苍梧民众修筑灵渠的故事。

《灵渠》出版之后，获得不少荣誉，例如：

广西第十五届精神文明建设“五个一工程”奖；

第九届广西文艺创作铜鼓奖；

广西壮族自治区党委宣传部精品出版资金扶持；

2018 年 9 月百道好书榜文学类好书；

2018 年 10 月入选第 22 期文艺联合书单。

正是由于这本书的出色表现，我才觉得它不应该止步于此。一部质量与口碑俱佳的作品在“内容为王”的当下能走得更远。

（一）IP 打造

在最近几年，IP 是一个非常火的词。在实体事物的基础上，挖掘 IP、打造 IP，能达到实物与理论的完美统一。IP 也可以上升为一种符号。符号的传统定义是“一物代一物”，它可以是实体的，也可以是虚体的。一个景点、一个角色都有可能成为符号。比如我们现在说起沈从文的《边城》，就会想起湖南的凤凰。赋予符号意义，建立属于该符号的独特性，受众可以快速地获取个中含义，从而提起兴趣去了解它、走近它，产生心理上的契合与共鸣。

IP 有大有小，并非只有热门书、爆款书才能有 IP 资源。

小说是最灵活的一类文体，其中的某句话、某个情节、某个人物都可以进行多方面的诠释。长篇历史小说《灵渠》的结构灵活，我们可以随时将小说中的各类元素进行拆解、运用。《灵渠》依托实物灵渠而生，但故事又跳

○ 灵渠实景

脱现实的桎梏，展现一个宏大奇特、想象诡谲的世界。

《灵渠》的故事发生在秦代，距今已有两千多年，与现代生活大相径庭，甚至可以说它发生在一个真实却又虚拟的世界里，与其他现实题材的历史小说相比，灵活程度高，受到的制约少。

故事中展现了不少特色人物，这些人物的原型在历史典籍可查可考，带有一定的真实性，却又只有寥寥数语，不甚丰满，给人留下的印象不够深刻。作者充分发挥想象力，在人物性格、外貌方面运用了大量生动的语言，让故事中的人物栩栩如生、跃然纸上。

从情节设置上看，小说摘取了若干真实、有历史文献记录的片段，并将其扩大化，这些情节糅合了当地特有的风土民情，还加入了魔幻神话元素，具备较高的可读性、独特性、改编性。这类具象化、曲折化的故事也比较容易吸引受众的眼球。

○ 刘绍荟绘制的“法国廿世纪文学丛书”封面作品

○ 刘绍荟

（二）插图本与文创台历的推出

插图本是在前一版图书出版三年之后推出的。当时第一版《灵渠》推出之后，作者就拿给了他多年的好朋友刘绍荟看。刘绍荟老师是“云南现代重彩画派”创始人之一，是中国著名绘画艺术家，他还是与漓江出版社合作多年的封面设计师、插画家。那套“法国廿世纪文学丛书”（漓江版）的封面插图就是他绘制的。他看完《灵渠》之后，对里面的人物非常有感觉，立刻就来了灵感。听说我们想推出第二个版本，他就答应为我们画插画。

历时 8 个月，他专门为书中的主要人物创作了 14 幅栩栩如生的画像，还加画了一幅灵渠全貌风光图。借鉴的是明代画家陈洪绶的作品《水浒叶子》中的白描手法。

○ 《灵渠》（插图本）

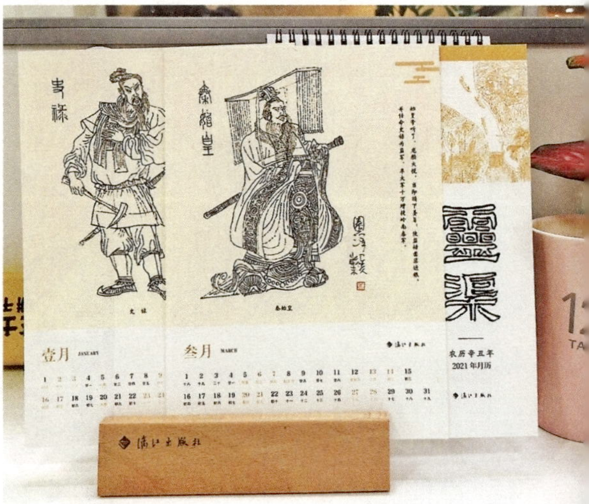

○ 《灵渠》文创台历

○ 刘绍荟绘制的画像

○《灵渠》（插图本）封面折内页

○《灵渠》（插图本）封面折外页

而插图本的形制，美术编辑石绍康老师也设计得更为古朴典雅。该书采用锁线精装。封面是两张纸分开印刷，然后粘在一起。上面的星星是镂空的，透着底层的颜色。

关于文创台历的推出，完全是一个偶然的灵感。刘老师是在 2020 年 6 月左右完成插图绘制的。9 月，我在逛书店的时候，看到了店里摆着的文创产品，想着这些插图是不是也能做成台历，因为插图的数量够多，一切元素基本上是现成的。

但是要做成何种形式的台历呢？我当时的设想是实用与美观兼具：一是不浪费台历纸，可以有多种用途；二是美观、典雅、大方。

最后出来的成品底座是与台历纸分离的，拿掉台历纸后，可以把手机架在上面，当成手机支架。而台历纸是用特种纸制作，有厚度，摸起来有纹理触感，每一张可以单独拿出来，放进 16 开的书里做书签。

（三）未来的展望

之所以是未来的展望，是因为有一些想法还没有实现。目前，《灵渠》这本书的对外版权已经输出波兰、白俄罗斯等国家。希望未来能有更多的语种输出。此外，广东有一家游戏公司想找作者合作，将《灵渠》开发成一款游戏。至于后续如何，拭目以待。

二、再版图书的选择与长尾效应

（一）什么是长尾效应？

简单来说，长尾效应理论是指，只要产品的存储和流通的渠道足够大，需求不旺或销量不佳的产品所共同占据的市场份额可以和那些少数热销产品

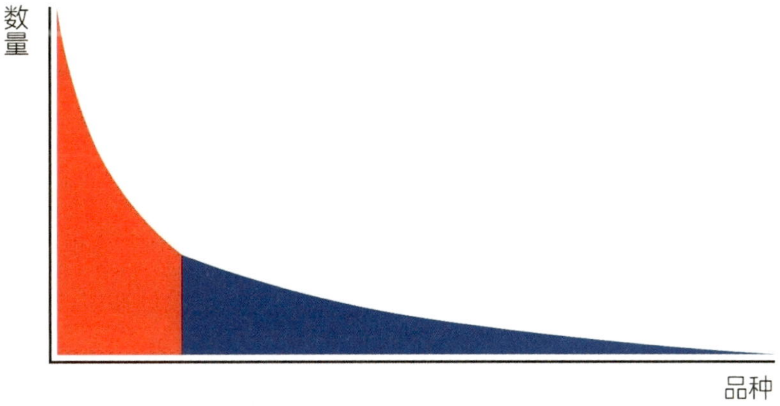

○ 长尾效应示意图

所占据的市场份额相匹敌甚至更大，即众多小市场汇聚成可与主流市场相匹敌的能量。

以图书为例，大部分的书店，无论是连锁书店还是独立书店，受生存压力、摆放空间有限的影响，通常情况下只能选择最畅销、最主流的书籍上架。而小众的、冷门的图书能摆在书架上的机会少之又少，即使能上架，也是在偏僻角落。但是，这些图书的读者是真实存在的，他们的需求也是真实存在的。其次，线下销售还会产生一个问题——与读者需求有“隔阂”，一手交钱、一手交货的关系结束后，除却某些与书店关系紧密的粉丝读者，出版社无法得知大部分读者的阅读反馈。

但是，随着时代的发展，在当前互联网环境、大数据的支持下，书籍的展示空间变大，读者的需求不再隐藏于水面之下，我们可以通过各种互联网平台来进一步传播图书，了解读者的需求，长尾效应在此就渐渐显现。虽然有些图书不出名、受众面很小、需求不旺盛，但是基于互联网带来的庞大用户流量，就能够获得利润。

长尾效应示意图中横向的轴线可以代表的东西很多，比如销售时间、价格。现在有一些图书公司在销售公版书时，就以非常低的价格来吸引更多的读者，使销售数据变得好看，从而达到在网站上排名靠前的效果。读者一打开购书网站的页面，首先看到的就是这些销售数量多的产品。

（二）《历史的起源与目标》的再版

《历史的起源与目标》是一本历史类的社科书，语句比较晦涩难懂，书也不薄，可是它却是我接手的在制图书中印量最大、重印次数最多的书，2019 年 5 月上市以来，到现在为止已经重印了 7 次。

我想从选题策划、图书制作、投入市场三个方面，来说一说在长尾效应影响下，《历史的起源与目标》这本小众图书如何成为一本销量还不错的图书。

这本书是 20 世纪德国重要的哲学家、精神病学家卡尔·雅斯贝斯写的，他也是现代存在主义哲学的代表。在书中，雅斯贝斯提出了一个著名的观点——世界历史中存在着一个“轴心时代”。轴心时代指公元前 800 年至公元前 200 年之间，中国、印度与西方国家各自独立地完成了结构相似的文明革命，在这一段时期，上述地区出现了孔子、孟子、老子、释迦牟尼、苏格拉底、柏拉图、亚里士多德等影响人类文明发展进程的先行者，开创了它们各自发展的新起点。这些人的理论对当今社会的文化生活仍然具有重要且深远的影响。

1. 选题策划

这本书在 20 世纪 80 年代，由华夏出版社出版过，当时的销量就非常好，在国内影响深远，但是，进入 21 世纪后，这本书没有再出版过，可以说，这是一本孤版图书。从旧书网站上炒作的价格反推，它是有读者需求的，这是其一，做背景调查时，多去旧书网站上看看。

其二，口耳相传度。如果一本书在市场消失多年，没有办法在中金易云、开卷公司等出版数据服务平台找到有力的数据支持，口耳相传度就成了一本旧书是不是有再版价值的佐证。《历史的起源与目标》实际上是一本学术书，它的读者群和年龄层都有一定的范围，但是只要你身边有三个人提到过这本书，那就能说明它有出版的意义。

我第一次听说这本书是在大三的时候，在西方文学这门课上，一位老师提起了这本书。我当时对这个书名非常感兴趣，一下就记住了。第二次是在读研究生阶段，我的导师给我列的书单里出现了这本书。第三次提及这本书的是集团的原总编辑曹光哲先生，也是他促成了这个选题。这些有阅历的前辈，都不约而同地推荐了这本书，证明这本书经受住了读者的考验。

2. 图书制作

虽然再版的时候将原来的译本重新出版能省时省力，但我们还是决定重新找一位译者。一是考虑到之前的版本是从英语翻译过来，错漏处较多。二是此次译本由德语直译，能最大程度地保留作者的原意。

随着时代的发展，读者的阅读视野也在不断地开拓，他们不再是被动地接受知识，而是会挑选，所以做再版图书的时候要考虑当下读者的阅读趣味。

在译者的选择上，我们也是十分慎重。珠玉在前，此版本也不能落后。最终译者定为北京大学德语系的博士李夏菲。稿件翻译时间大约是一年，基本是参照原版书的结构来进行翻译，没有大的变动。李夏菲是一位年轻的译者，翻译时只有 28 岁，但文笔流畅，既具有细腻感，又不失深沉，学术功底十分扎实。虽然是一本社科书，但翻译用词平易近人，可读性很强。读者结构是金字塔型的，内容越平易近人，读者越多。一本优秀的社科书，虽然它的内容、语句让人感觉陌生晦涩，但是它整体的框架、逻辑结构一定是通顺的。

○ 《历史的起源与目标》

○ 《历史的起源与目标》书签

一本书若被做成精装本，它肯定是精美、大气、庄重的，但精装本的制作成本高，因为锁线装订、硬壳纸板的使用既耗材，又费时费力。然而平装本单薄的封面与这本书内容的厚重感不太相符，于是我与美术编辑商量后，采用32开“假精装”的形式，即平装本外面再套上一层硬纸护封，形式像精装，材料、装订方式都不是精装。这样既能降低成本，又能保持书本内容的深沉调性，同时32开的图书更易携带，也没有失去厚度。定价少一块钱，或许就能多一个读者，我们还是希望能让更多的人来读这本书。

封面图案由我社资深美术编辑石绍康老师精心设计：多层方形代表空间的纵深感、时间的轮回性；骑马的男子带有古希腊罗马时期的气质，象征久远的历史、厚重的文化；方框代表着门，意指这位男子从古代骑行而来，穿越到了现代。

护封采用的纸张带有丝毛棉，摸起来有干涩感。书签上设计了这样一句话：我的这本书希望能够增强我们对当前的意识。这句话是想传达：两千年前的“轴心时代”是否会重现是个没有答案的问题。我们或许处在一个物质高度发展、文学艺术和科技空前繁荣的时代，知识充实着现代人类。但即便在这样的环境下，轴心时代就能轮回吗？就能再诞生一群智者吗？答案依旧是不可知。

3. 投入市场

一般而言，在纸质图书上市一段时间之后，其电子书才会在各大读书App上架。但是我与同事商量之后，决定在这本书的纸质书推出的当月，同步在微信读书App上架。这种做法能提供给读者一个试读的平台，能扩大宣传面，让更多的新读者知道这本书，让更多的老读者知道这本书又重新上市了。根据长尾效应，只有流量上去了，受众基数足够大，买书的人才会更多，销量也自然会提升。

《历史的起源与目标》是一本需要花费时间进行深度阅读并且值得收藏的图书。这就说明该书的读者黏度很高，读者不会像拿手机刷网页一样，几秒钟就划过去，而是愿意买纸质图书在上面写写画画做批注。值得一提的是，《历史的起源与目标》成为北京市人民政府网站的推荐图书。

我个人是比较喜欢和学弟学妹交流的（尤其是在校的），问问他们的老师现在会给他们推荐什么类型的书，原因是教师推荐的书单会对学生的阅读视野产生重要影响，尤其学术书、专业书的购买主力是学生、教师群体。因此我了解到《历史的起源与目标》在师生群体中收获了良好的反响。

三、主题图书的宣传与思考

在此，我想聊一聊《大桥》这本书。

《大桥》的体裁属于报告文学。这本书以非虚构写作手法和现场采写的第一手资料，带读者走进港珠澳大桥以及创建它的中国工程师和工人们，揭秘这座“海上长城”的核心控制性工程——岛隧工程的地标性东西人工岛和海底沉管隧道是如何建成的。它是我社 2019 年的重点图书，凝聚了很多人的心血，也获得了一些荣誉。如获国家出版基金 2020 年专项主题出版项目扶持；入选中宣部 2019 年主题出版重点出版物选题；被评为 2019 年度中国版协 30 本好书、《作家文摘》2019 年度十大非虚构好书；获得广西第十五届精神文明建设“五个一工程”优秀作品奖。

我参与的是《大桥》的宣传工作，主要负责线下活动的主持。2019 年，《大桥》在七个城市举办了近二十场活动。

影响和制约一场活动的因素有很多，如成本、嘉宾、观众等，但关键的是我们举办这场活动的初衷。这可以从三个角度来回答，即是什么、为什么和怎么做。

“是什么”是指活动性质，即确定匹配的场合与匹配的形式，如纯谈话活动、签售活动。

○《大桥》

“为什么”是指活动目的，即确定达到何种效果，如提升图书知名度、扩大影响力、提高销量等。

“怎么样”是指活动方式，即要明白所有手段都是为目的服务，包括与观众的互动、音视频辅助、时间地点的选择。

在《大桥》的宣传工作结束之后，我将所有场次的活动进行了归纳，根据性质，将这些活动分成了四大类，对不同的活动进行了梳理和复盘，希望能在以后做得更好。

1. 业内研讨会

业内研讨会主要针对业内人士。会议氛围严肃、正式，以讨论图书的出版意义、文艺批评为主。宣传工作重点有二：

一是收集专家发言，整理成意见、书评；二是撰写活动新闻稿，重点投放到行业内的权威媒体，如《文艺报》《中国出版传媒商报》等。比如，在2019年8月的北京国际图书博览会上，针对会场的出版业内人士，我们举办了《大桥》的图书预告会。

2. 书展

书展的主要传播群体是社会大众，尤其是对图书感兴趣的读者。通常书展的场地开阔，现场可能比较吵闹，讨论的话题要接地气，并且以传播知识为主。

宣传工作重点一是提升图书在书展举办地的知名度，重点投放的媒体是当地的报纸、电视台等；二是促进现场售书。

《大桥》参加了两个书展，一是西安书展，二是上海书展。

有人可能会觉得沿海地区的文化氛围较强，观众会比较热情。但实际上，内陆地区的观众会更热情一些。原因有三：一是日常文化活动的数量没有沿海地区多，观众观展兴趣高；二是当地政府的宣传力度大；三是陕西省的文化积淀十分深厚，诞生了很多文学大腕，比如写《白鹿原》的陈忠实、《平凡的世界》的路遥、《废都》的贾平凹、《创业史》的柳青等。《大桥》的宣传活动在很多城市都有举办，但西安的读者最热情，在书展上，拿麻袋买书的读者并不少见。

3. 书店售书活动

书店的售书活动主要针对前期从媒体上了解过书并感兴趣而专程赶来的读者。活动场地较小或中等，有一定的私密性。活动氛围轻松，讨论话题活泼、有一定的深度，可与读者进行深度交流。该类活动可以提升图书在书店所在地的知名度，可在自媒体上投放视频或图文宣传，促进现场售书。

4. 私人订制

私人订制活动主要是为企业内部职工而举办的。现场一般较为严肃，活动内容要与企业密切相关，有时需要宣传企业文化或配合党日活动。宣传工作主要是进行对内传播，达到销售图书的目的，如上海汽轮机厂的活动、广西北部湾投资集团有限公司的活动、《大桥》走进清华大学的活动等，每场活动能有一两百人。

一场活动想要取得良好的效果，需要集齐“天时”“地利”“人和”。

○ 西安言几又书店活动现场

天时是指当天的天气、交通状况；地利是指场地环境、现场的氛围；人和是指前期宣传的影响面以及作者的能量，包含作者的口才、临场发挥，以及与嘉宾的互动配合。

我印象最深的是在西安言几又书店举办的活动。

当时正值西安书展期间，活动定在周六上午 10 点举行。那天天气挺好，晴空万里，很适合出行。得益于书店的提前宣传，我们去到现场的时候，书店门口已经有读者提前在排队。

活动中的嘉宾对谈环节大概只持续了 1 个小时，因为活动前作者何建明提出对谈活动应该是精干简练的，这样读者才会更有兴趣了解书。

作者对现场情况的掌控能够决定一场活动的质量。如果作者喜欢聊天、口才非常好、逻辑很清晰，基本上就能判断出这场活动的效果很好。《大桥》

的作者何建明不仅书写得好，口才也非常好。我记得有个读者问了一个很刁钻的问题：“大家都说第一个获得诺贝尔文学奖的中国人是莫言，但我觉得是高行健，他的书现在不在中国出版，对此你怎么看？”何建明当时答道：“这里所说的获奖的中国人指的是中国国籍，但高行健是法国籍的。其次，现在不出版不代表以后都不出版。贾平凹的《废都》一开始出版后也曾下架，但现在不也是正常出版了吗。时代在发展，以后的事谁也说不准。”这个问题就被完美地化解了。

除了作者的口才，嘉宾的口才也非常重要。做活动时要引导嘉宾输出与书相关的观点，明确有什么是能讲给读者听的，以及读者想听什么，这一点很重要。在西安这场活动之前，出席活动的两位嘉宾一直是中国交通建设股份有限公司的工程师，他们对我们设置的问题也十分熟悉。按理说，嘉宾面对观众回答的话基本上也是和之前的差不多。但是在那场活动上，嘉宾的状态是前所未有的放松。在被问到“在建岛隧的过程中遇见过什么困难”时，其中一名工程师讲了一个他之前从来没讲过的故事：建岛隧的前期，需要先在海上搭建平台，主要用于工人吃住。面对茫茫大海，有一名工人觉得很孤独，就养了一条狗，结果不到三个月，狗跳海了，连狗也耐不住寂寞。

这个故事一讲出来，现场的氛围瞬间就轻松了，想看书、买书的人也多了不少。

（本文作者系漓江出版社中外文学编辑部编辑）

当爱好成为工作：传统图书编辑的成长故事

张星华

与大多数同行一样，我进入出版行业也是出于对图书的热爱。2004 年 11 月，我加入广西教育出版社，从案头工作到管理项目，再到独立策划图书，遵循着传统图书编辑的成长路径。写下自己的职业成长故事，权当是自我的经验总结。如果能给年轻编辑带来些许启发，那更是乐事一桩。

从教师成为编辑

2004 年秋天，当时的我是一所职校的语文教师。某天，在经常翻阅的《教师之友》杂志上读到《<新语文读本>编写手记》一文。这篇手记长达四万余字，占据了当期杂志的大部分版面，实属难得。我一口气读完后心潮澎湃，萌发了购买《新语文读本》作为学生补充阅读读物的想法。那时的网络购书还不普遍，我按图索骥，先查找到《新语文读本》的主编，在阅读了许多相关的评论文章后，才查到这套书是广西教育出版社出版的。这条信息让我颇为激动，更让我热血沸腾的是广西教育出版社的一条招聘信息。

在经过几天的激烈心理斗争后，我到出版社递交了应聘材料。虽然极不舍得离开可爱的学生和熟悉的讲台，但与书为伴的工作场景更让我向往。我甚至都开始幻想进入出版社后，整天浸泡在书海中该有多幸福，约请仰慕的作者写稿时该有多激动。

两个月后，我如愿以偿地成为广西教育出版社的一名编辑。入职不久，我跟随时任副总编石立民出差，收集我社自编语文教材的专家反馈意见。那真是一段令人难忘的经历！隆冬腊月，我跟随石总从湖北到上海再转浙江，从乘飞机转火车到大巴再到摆渡轮船，从大江奔腾、朔风凛冽的华中来到小河静流、阴冷潮湿的江南，到过华中师范大学、华东师范大学、浙江师范大学等多所高校，拜访过多位顶尖的语文教育专家。巢宗祺、方智范、王荣生、王尚文、李海林，这些专家的名字如雷贯耳，早在自己当学生、做老师时就经常从报刊中见到，现在却能亲耳聆听他们阐述自己的教育主张，激动自不待言，职业自豪感也油然而生。专家们严谨的治学态度、开放包容的胸怀，以及石总高效利落、有条不紊的工作作风，是我从这段经历中学到的可以受用一生的精神财富，我虽无法达到他们的事业高度，但始终以他们为榜样来激励自己。

锤炼基本功

真正开始从事编辑工作之后，我才意识到自己当初的想法太简单了。编辑工作包含从策划、组稿到审读、加工、印制、传播的全过程，需要多种综合能力，而我想象中的看书，仅仅是案头工作而已。

新入行的编辑往往都从案头工作干起，而案头工作是编辑工作的重要环节，属于编辑的基本功。杰出的出版前辈聂震宁在《致青年编辑的十二封信》中说：“所谓基本功，最核心的还是态度。”我深以为然。一入行，前辈们就反复告诫不能把图书编辑工作视为改正错别字的简单工作，一定要心存敬畏，严格要求自己，不断锤炼自己的文字基本功，不断提升自己的知识面，并培养踏实、细致、严谨的工作作风。

同时，我们也应该意识到锤炼案头功夫必须要长期实践、善于学习。首先，要认真初审。对待每一部书稿都应该仔细、认真，只有不间断的审读经验，才能持续提高自己对文字的敏感度。其次，要重视复审、终审的意见。复审、终审人员通常经验丰富，而且能够站在更高的站位、更宽的视野上看问题，初审应该根据他们的意见不断完善书稿，同时也要好好思考这些意见是从哪些角度提升书稿质量，为提升自己的审读能力打好基础。同时，也要善于学习借鉴校对的经验。校对和编辑的工作侧重点不同，在完善书稿方面缺一不可。经验丰富的校对除了校异同，还能校是非。校对接触的稿件类型比编辑多，更容易发现丛书之间的不统一、跨界知识的差错等。此外，图书编辑不能仅仅把目光放在自己编辑的书稿上，还应多读其他优秀作品，一是培养自己的语感，提高自己的语言文字水平；二是拓展自己的知识面，锻炼思维能力。

对书稿的编辑加工，我经历了规范性加工、修饰性加工、创造性加工三个阶段，这也是自身编辑能力逐步提升的阶段。

我一进社里就跟随老编辑边做边学，没有接受过严格的校对训练。刚开始对书稿进行加工处理时，内心忐忑不安，生怕改错，大多是做规范性加工，以消灭文字、词语、语法、标点符号等方面的差错为主。在那个阶段，编辑主要是学习、熟悉国家的语言文字规范标准，在实践中不断锤炼自己的语言文字基本功，并积累专业编校知识，如注意整理语法错误、成语误用等常见错误。刚开始看稿时，凡是没有把握的地方都会查工具书，坚持改必有据的原则，对书稿涉及的人物、典故、重要史实、数据、征引文献等一一进行查证，并将时常遇到的问题分类整理成笔记，形成自己的快捷查阅本。例如，我当时发现，语文教辅图书对应多个教材版本，每个版本的相同文本会有细微差别，对拼音的轻声处理也不尽相同，若能及时搜集整理这些细节，就能节约很多查询时间。此外，书稿的体例统一涉及多方面，为避免遗漏和重复劳作，我习惯为书稿做档案，将自己在每个校次中所做的统一事项进行登记，如数字使用、章节标题、计量单位、字号字体、书眉页脚、表格公式、版式图题、引用格式、注释格式等，在书稿付印前再逐项进行核对检查。

新编辑容易犯的错误是一拿到书稿就蒙头修改，急于进行规范性加工，着眼于书稿的微观结构。而有经验的编辑都知道，拿到一部书稿，首先要通过浏览目录、粗略通读全书来了解书稿的主要内容，在理顺主要框架的基础上再进行加工处理，即先关注全书的宏观结构，并进行内容把关。如判断书稿是否存在思想导向以及涉及民族、宗教、国家安全与领土完整等方面的问题，是否存在涉密、泄密以及国家法律法规禁止出版的内容；关注书稿内容结构是否完整，逻辑条理是否清晰。如果内容有瑕疵，要尽快整理初审意见，提交复审、终审。

随着能力的提升，我开始注重书稿的文字表达是否准确贴切，语言风格是否连贯一致，逐渐进入修饰性加工阶段。我们可能都有过这样的经历：刚开始，发现不了书稿的错误，校样总是干干净净；随着编校经验的增加，感觉书稿到处都存在不规范表达，校样“一片红”。此时，需要注意掌握好编辑加工的尺度。在加工处理之前，我们先要读懂书稿的内容。在审读中，编辑要细心跟随作者的思路，全面、准确地了解书稿的内容，遇到不理解的地方，要反复仔细阅读，并查阅资料辅助理解。切不可在对内容一知半解的情况下进行加工修改，以免失之偏颇。进行加工处理时，要尽可能保留原作风貌，可改可不改的内容不要改。编辑要尊重作品的语体风格，以及作者的语言风格、表达习惯，专业著作万不可修改成主观抒情的风格，文学作品也不宜过度精简作者的描述性表达。遇到文字修改有违文稿原意，需增加、删减段落，或调整段落顺序时，应谨慎落笔，最好同作者商榷后再动笔。

创造性加工则属于深度加工，依赖于编辑对书稿内容的深度挖掘和开发，是对书稿进行更深层次的加工整理。编辑是“为他人作嫁衣裳”的，但我们也应该积极发挥自身的主观能动性，改进“衣裳”的款式，提升工艺，使“嫁衣裳”更富创意。如通过恰当的裁剪组合、调整梳理，将散乱的观点加以归纳、综述，使结构紧凑合理，论述严谨清晰；或从读者的阅读体验出发，创新展示形式；等等。

编辑在一定程度上是作品的第一读者，在审稿阶段的阅读体验虽说比较感性、主观，但也是大多数读者读到作品后的第一感受。同时，编辑长期浸润在书业，比较了解图书出版的形势和读书界的需求，从专业角度提出的建议对作者完善书稿能起到较好的提示作用。

《丝路邮记：方寸世界中的海上丝绸之路》是我社老编辑提供的选题信息，在该书的策划阶段，我充分调研市场上其他主题邮票书的体例，研究海上丝绸之路主题图书的内容编排，与作者讨论文本框架、语言风格，定下本书的写作基调：行文通俗简洁，邮品图案精美，给予读者轻松、愉悦的阅读体验，适于大众传播，便于普及。作者刚开始交来的样章中的文字内容很多，对相关史实的介绍面面俱到，过于注重专业知识的传播，缺乏大众读物的趣味性，与组稿要求有较大差距，于是我将详细的修改意见反馈给作者。6个月之后，作者交来初稿，增加了许多历史故事、邮品知识，趣味性明显提升了，但洋洋洒洒30多万字，再加上800余幅邮品，若成书将有50余万字，不符合通俗读物定位。我反复通读书稿，在参阅多本海上丝绸之路专业书籍的基础上，与作者商量删去大量过于专业的海上丝绸之路的知识，只保留15万字左右比较适合普及传播的内容，并重点突出海上丝绸之路的历史中比较有故事性的内容。同时，梳理书稿的主线：按照海上丝绸之路的历史发展设定纵轴，搭建书稿的大框架；按照海上丝绸之路的路线设定横轴，划定章节的具体内

■中国：雕塑·徐福东渡　原地首日普通邮资实寄封剪片　（2005）

山东烟台龙口市是徐福故里。屺㟂岛位于龙口市西北 10 千米处，是渤海海峡间一个远伸海中的半岛。龙口市徐福镇现存部分徐福遗迹，如黄河营古港遗址、屺木洞、徐母坟。

（二）东海航线

古时东海名称，所指因时而异。先秦古籍中的东海，相当于今之黄海，但战国时已有兼指今东海北部的。秦汉以后，始以今黄海、东海同为东海。明代以后，北部称为黄海，南部仍称东海，其海域始与今日东海相当。

东海航线有北道和南道两条路线。北道从胶东半岛的登州（今山东蓬莱）、烟台、青岛、胶州等山东港口群沿登州水道过庙岛群岛接辽东半岛，转至朝鲜半岛和日本群岛，在航海技术尚未发达的春秋战国早期启用。南道从南京、扬州、宁波等江浙沿海港口群出发，沿东海南部直航朝鲜半岛、日本列岛。

【丝路旅人】

徐福，秦朝方士。据说，徐福到了日本后，在当地传播稻作、锻冶、纺织、栽茶、文字等。日本民众普遍认为日本的农耕、蚕桑、医药、冶炼甚至造船、航海等文化技术，都是徐福从中国带去的。徐福为日本古代的文明和进步做出了卓越的贡献，日本人民对其深怀敬意，尊其为“农桑神”和“司药神”。在日本九州岛的佐贺县有“徐福上陆地”的纪念碑，波田须等地有“徐福墓”，熊野浦的墓碑上原刻有“秦徐福之墓”五字。在日本的阿须贺神社有徐福宫，日本蓬莱山旁原有徐福祠。2005 年前后，日本考古界在神奈川县藤泽市妙善寺内（福冈家世代墓的左侧）发现了徐福子孙墓。经过专家考证，其墓文大意是说他们的祖先是秦朝的徐福，以福冈为姓，取自徐福的“福”字，是为了让子孙不忘祖先和故土。另外，韩国济州岛的中心城市西归浦也建有徐福纪念馆。传说徐福东渡日本西行回国，首泊瀛洲，并在瀛洲山第一胜景正房瀑布的绝壁上，刻下了“徐福过之”四个大字，“西归浦”之名即来源于此。

徐福的船队沿着春秋时期开辟的海上贸易通道东渡日本，不仅是中国文化向海外的一次大传播，也为此后更大规模的人员往来和文化交流开拓了航路。

【丝路港口】

蓬莱　始设于唐代的古登州府署治所地，为山东半岛的重要出海口，由此启航到朝鲜半岛和日本列岛距离最短，从秦朝徐福东渡开始一直都是中国与朝鲜半岛、日本列岛交往

■中国：中国历代名楼·蓬莱阁　（1987）

■越南：中国 1999 年世界集邮展览·中国古代建筑蓬莱阁　（1999）

的重要口岸。隋唐时在登州专设新罗馆、高丽馆以接待朝鲜半岛、日本列岛的来使。明代洪武九年（1376 年），为适应朝鲜、日本来华人数较多的需要，将登州升格为府。清代，登州府辖一州九县，相当于现在烟台和威海两个地区所辖的县市。“丝竹笙歌，商贾云集”“舟船飞梭，商使交属”，生动描写了古登州的繁荣景象。

■中国：大清邮政首次发行的邮资明信片（俗称“清一次片”），贴德国胶州客邮武装商船票 5 分一枚，盖销胶州湾邮戳，青岛寄德国

○《丝路邮记：方寸世界中的海上丝绸之路》内文版式

容，将港口群、沿线国家及城市串联起来。为避免历史专业内容给读者阅读带来的疲乏感，我还将部分书稿内容打散并精心归类，设置“丝路港口”“丝路驿站”“丝路逸事”“丝路旅人”“丝路胜迹”等小板块，将正文阅读与栏目阅读相结合，增添阅读的趣味性和可读性，避免通篇累牍的枯燥无味。

2018 年，我参与编辑“我们的广西”丛书中的一本分册《刘三姐》，该丛书作为庆祝广西壮族自治区成立 60 周年献礼图书，有严格的编写要求，例如书稿要兼具学术性和可读性。在初次审读书稿后，我觉得书稿的可读性还有较大的提升空间，为了给出具体可行的修改建议，我从学术网站、图书馆查找了很多与刘三姐相关的资料，建议作者增加关于歌圩起源的传说，以及体现广西各族群众诗性智慧的内容等，并把相关的资料整理发给作者做参考。当时书稿的第一章以节录主要流传地区的刘三姐传说为主，偏向文献综述，传说故事大同小异，分析部分只有短短的几段结语，读后有意犹未尽之感。我想，在现代，读者可以轻而易举地查阅这些传说，而作者的价值在于学术研究，却未完全展现出来。我便建议作者将各地的传说故事进行分析对比，并对流传地区的歌谣文化做深入分析，尤其是关注到当地的活态传承。我提的建议虽与专业的学术要求有差距，但作者心领神会，在修改稿中增加了“刘三姐传说的发展脉络”和“刘三姐传说的文化解读”，比我预想中的更为出色，极大提升了书稿的学术含量，并体现出书稿内容的厚重性。

此外，编辑作为旁观者，对书稿结构的整体进行理性分析，有助于提升书稿的简洁性和条理性。作者在写作完成后基本上很少再仔细阅读书稿，而编辑则需要反复精读三四遍才能将书稿付梓。在某种程度上，编辑对书稿的熟悉度高于作者。同时，不像作者会对某些内容存在偏爱，编辑可以客观地提出对某些内容的增删建议。《刘三姐》初稿的第一章是介绍各地关于刘三姐的传说，作为开头是缺少吸引力的，也难以让读者对刘三姐形成系统性认识，我通读后，建议作者增加一个总括性单元，作者即写出《刘三姐诞生的人文传统》一章。在刘三姐文化的传播中，20 世纪 60 年代的大会演是非常重要的事件。书稿是从 1905 年岑毓琦在西林县举办的壮剧会演开始讲起，中间还用了比较多的篇幅讲述 20 世纪 40 年代在桂林举办的“西南剧展”，详细介绍“西南剧展”的任务、历史意义等。我觉得这些稍微跑偏了的内容会削弱刘三姐会演的主题，便建议作者做了删减。

值得一提的是，编辑对自己查阅各种资料后仍心存疑虑的问题，要敢于向作者陈述自己的疑虑，不要害怕作者会因此认为自己无知。只要编辑抱着虚心求教的态度，作者就会认真对待编辑提出的疑问。在审读中，我发现书稿对刘三姐的最早文献资料记载前后矛盾，前说南宋王象之编的《舆地纪胜》

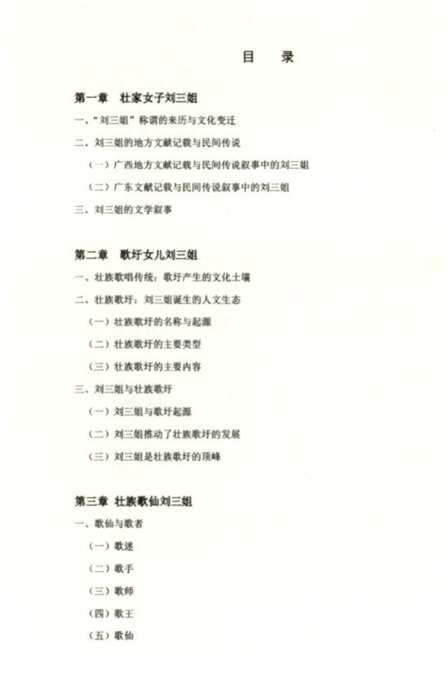

目　录

○《刘三姐》初稿部分目录

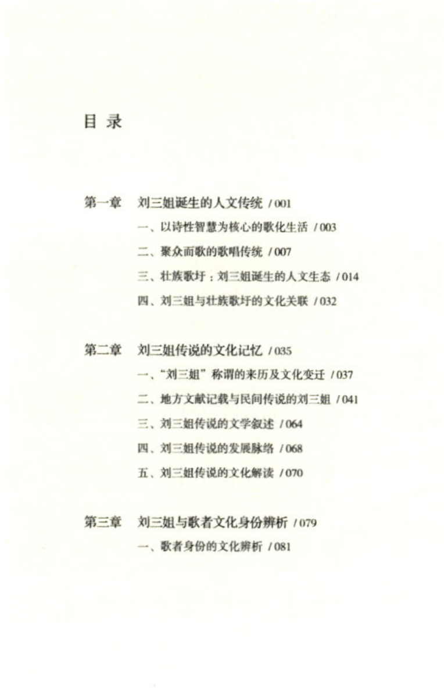

目 录

○《刘三姐》成书部分目录

卷九十八中的“三妹山”是关于刘三姐的最早文献记载，后说唐末后梁即有关于刘三姐的记载。作者拍了原始资料发给我，我仔细核对后，发现唐末后梁关于刘三姐的记载是一份石刻文物，便改为：“有关刘三姐的最早文物是今广东省阳春市春湾镇铜石岩内石刻‘乾化乙亥重阳日，刘仙三姐歌台’。乾化乙亥即五代十国后梁乾化五年（915 年）。”这样既保留了“王象之《舆地纪胜》是关于刘三姐的最早文献记载”的说法，又为有关刘三姐传说的最早出现时间提供了物证，也为后面作者在“刘三姐传说的发展脉络”一节中从汉唐时期开始分析刘三姐的传说准备了逻辑依据。

学习统筹管理

编辑在熟悉案头工作之后，逐渐要开始承担大型项目或集体性项目的管理。因此，项目管理能力也是编辑的必备技能。作为项目管理编辑，要有良好的执行力、控制力和沟通力。项目管理编辑首先要根据出版规划，积极调配、整合各种资源，快速有效地推进所负责的项目，特别是在负责头绪繁杂的重大项目或同时推进多个项目时，要能分清项目的主次、轻重、缓急，合理安排各个项目的主要时间节点，以保障重要项目、重点产品的完成。我曾在社里的教辅部门负责过历史学科、语文学科的项目管理，教辅是一定要保证课前到书的，其出版时间也是板上钉钉的事，一定要排除万难，按部就班去推进。项目管理编辑还要耐心、细心地跟踪项目的进展和规范流程运行，及时发现问题并采取有效措施，消除不利因素和不可控因素，以保障项目正常推进。如定期联络作者，对书稿写作进度了然于心；当书稿无法按期完成时，要及时调整方案。我曾经在时任副总编孙梅的带领下参与管理国家出版基金项目《新越汉词典》和《新汉越词典》，经历了长达 6 年的出版周期，组织、协调二三十位编写者、审稿者进行工作，遇到多次项目差点流产的危机，积累了大型辞书项目管理的经验。在这个项目的执行过程中，孙总为了有效调配、整合各种资源，与作者、领导、不同岗位的同事进行了无数沟通，亲见她如何根据沟通对象的特点选择合适的沟通方式与沟通技巧才达成共识。这令我深刻意识到，良好的沟通力是编辑必不可少的能力。

编辑开始独立策划选题之后，就要全程参与从收集信息、策划选题、选择作者、组织稿件到审读、编校、设计、印制、营销等环节，因此需要更强的管理能力来协调各部门通力合作，让各环节衔接顺畅，以低成本、高效率达到目标。除执行力、控制力、沟通力外，编辑还需要具备计划能力、信息处理能力、社会活动能力、组织协调能力等综合能力。

编辑的管理能力，同样需要在实践中锻炼提高。全程操作多本图书，可以不断优化自己的统筹管理能力。从选题策划阶段开始，就要考虑好图书的上市时机，合理制订出书计划，制定详细的工作时间表，如制定组稿时间表、出版进度表及营销时间表等。同时，图书的整个出版过程都需要精心组织，如组织作者编写、组织编辑加工校对、组织制作发行等，涉及多个部门，需要多个环节、多道工序。 编辑本身的工作也千头万绪，既要审稿、定内容、定封面，又要联系作者、跑市场、与印厂对接、与读者对话。如果没有较强的组织能力， 就不能确保各个工序之间协调一致、高效运作，不能确保图书按时按质按量出版。 可以说，编辑的组织协调能力发挥的好坏是决定图书出版效率高低的关键。

众所周知，编辑策划选题不能闭门造车，需广泛获取信息，要与社会建立广泛的联系，要积极参加各种社会活动，要有进行社会调查的热情和能力。因此，编辑要善于与有关部门沟通、协调、合作，积极参加各种书展，多逛书店，及时调查了解行业的前沿动态；要多与作者沟通，了解作者的学术动向；

要加强与社会各界朋友的交往，扩大社交面，拓宽信息交流渠道。这是对编辑社交能力的考验，也是对编辑时间管理能力的挑战。

培养策划思维

我的选题策划起步于与营销部共同开发的区域定制产品——“青少年健康成长丛书”。我先要根据特定的市场需求，按照某个主题拟订单本书的书名、编写方案、内容要点和样张设计。在方案通过之后，寻找合适的作者进行写作，然后编校、出版，之后交由定制单位去发行推广。这套丛书，我共参与了 8 册，对青少年读物的语言风格、内容定位有了较系统的认识，也对市场图书有了粗浅的了解。

随着经验的积累，我逐渐开始独立策划选题，但大部分都是就着作者原有的想法，将之完善为出版计划，缺少从社会需求中策划选题或根据时事和形势构思选题的经验。

这几年，我一直在培养自己的图书整体策划思维，注重从内容编写到版式装帧，从组织作者到营销推广，从单品开发到系列产品布局的全方位整体规划。如精心为每本书挑选合适的装帧设计、撰写宣传文案，或邀请专家为图书撰写书评，或自己撰写编辑手记、书评、案例等宣传图书，还把握各种契机策划、组织阅读推广活动，助推图书销售，以期让图书产生良好的综合效益。

2019 年，我策划“红木棉”书系，拟推出反映广西本土地域特色和民族文化的系列原创少儿图书。在获得社里的大力支持后，我开始广泛向广西儿童文学作家约稿，由此和优秀儿童文学作家王勇英老师结识。王勇英老师是一位优秀的高产作家，稿约很多，我只能耐心等待合作的机会。时不时，我会看到王老师在社交平台上晒油画作品，画作中瑰丽的色彩和奇幻的想象让我过目难忘。2020 年 10 月，我应邀到王老师的工作室商谈几本儿童文学作品的出版事宜。在那里，我第一次看到油画原作，大大小小几十幅色彩明丽的油画作品散落在书架上、墙壁边，整间屋子显得明亮且富有艺术格调。我无法抑制自己对油画的喜爱，连连夸赞。2021 年 3 月，王老师告知拟将油画做成两部绘本，并交由我社出版，我欣喜若狂。我马上向社领导介绍王老师的油画创作以及出版绘本的设想，突出强调这是王老师首套从文到图都独立操

○ “红木棉”原创文学丛书宣传海报

刀的绘本，并以最快的速度完成选题申报工作。我以自己的真诚和热爱得到这两本珍贵的书稿，为了不辜负王勇英老师的信任，我需要做好每一步工作。

1. 策划阶段：挖掘选题的独特价值

作为责编，我是王勇英老师绘本的第一个读者，最先吸引和打动我的是油画的美。在美之外，绘本还有什么独特的价值呢？为此，我多次和王老师会面商谈绘本的整体策划方案。最令我兴奋的是，王勇英老师说，每个画面都可以延伸出无数的故事。与一般的绘本创作不同，她不是先写好文字故事再画画。她从零基础起步自学油画，花了五年时间，慢慢描绘出刻在心底的画面，将流淌在心中的歌变成一幅幅颜色瑰丽的画。因此，她为绘本配的文字都是诗性写意的，以免约束读者的想象力。

两本绘本均以儿童的视角来看世界，以孩子的好奇心推动故事的发展。书中穿插了大量的民间传说，如麻仙子、花仙子、树仙子、蓝靛仙子等，但都点到为止，留给孩子们广阔的想象空间。每个看画的人都可以创编属于自己的故事，我意识到用色彩和故事相结合的方式帮助孩子打开想象力将是这套绘本最大的创意和最独特的价值。因此，我们邀请王勇英老师录制了示范视频，请她围绕一幅油画从不同角度创编故事，以启发孩子们讲述自己的故事，并将示范视频作为图书附加产品赠送给读者。我们还挑选了绘本中的精彩画面制作成卡片，在后续的现场活动中带领孩子们用画面来描述情景故事，帮助他们养成图像思考的习惯，培养他们的观察力。

此外，通过多渠道的市场调研，我了解到绘本很少以油画的形式来呈现，同时本土市场对王老师出版绘本有期待。这让我对绘本的市场前景增强了信心。在策划之初，我们已定下目标：希望以这套绘本为引子，引领孩子们开启自己专属的想象世界，也希望带动家长们和孩子们一起画故事、讲故事、写故事。

Red Silk Cotton Trees: Poetic, Rural Childhood Literature

By Zhang Xinghua

Warm and eye-catching, this is the most popular image of *Red Silk Cotton Trees*; perseverance and uprightness are the profound characters that people endow with the trees. In April 2018, Guangxi Education Publishing House began to plan an original literature series for young people to showcase the local characteristics and culture of China's Guangxi region. The name inspiration comes from the trees that were in full bloom in the streets at that time.

Red Silk Cotton Trees original children's literature series (published by Guangxi Education Publishing House) is based on the unique regional culture and customs of Guangxi. In the past four years, this publisher has published 14 works of local children's literature writers in Guangxi, including 11 original children's literature works and 3 original picture books. The special natural environment, lifestyle and cultural background endow the series with a unique literary aspect.

First, these works show the profound heritage and diverse forms of Guangxi culture. Guangxi has many ethnic groups that have been living together for a long time, and these cultures coexist and prosper. There are not only cultural relics with a long history, but also colorful folk arts and traditional skills. For example, one book in this series, *Phoenix Navigation*, uses the unearthed cultural relic of the Han Dynasty, the bronze phoenix lamp with feather pattern, to tell the glorious history of Hepu as the starting port of the Maritime Silk Road in the Han Dynasty. *Indigo Cloth and Flower Clothes* vividly reproduces the complex craftsmanship of Miao ethic group's costumes. *The Young Master Worker* introduces China's famous wooden architecture, including the superb construction skills of the Dong ethnic group's wind and rain bridge. *People in the Red Place* shows the indomitable fighting spirit of the mountain people of this region.

Secondly, these works show the unique ethnic customs of Guangxi culture. This book series describes the unique way of life, customs and aesthetic tastes of different ethnic groups. For example, *Black Mulberry* is deeply rooted in the folk customs, showing the national customs of the Yao ethnic group in northern Guizhou. *The Young Master Worker* focuses on the ethnic customs and cultural characteristics of the Dong ethnic group in Sanjiang, and describes the happy life and simple folk traditions in detail. *Like Opera* shows the changes of the Ke ethnic group's culture and customs. *My Home Is in Jingdao* panoramically shows the unique folk customs of people of the coastal Jing ethnic group in China. *Mugu and Huayao* depicts the rich ethnic customs and joyful festivals of Miao Village at Rongshui.

Third, these stories exude the flavor of rural life and the beauty of Zhuang Township's landscape and humanities. *Black Mulberry* tells about the richness, mystery and excitement of Dupan Mountain, one of the five mountains, through the eyes and feelings of young Liu Jin, a youngster. It introduces rich natural knowledge and common sense of jungle life, shows the awareness of protecting primitive ecology with traditional regional and national methods, and leads young readers to think about big questions. *Thousands of Mountains and Birds Fly* also focuses on the theme of co-existence between humans and wild animals and is based on real events many years ago. Through the bravery of the young boy Bao Forest and the villagers' awakening awareness of protecting birds and animals, the book conveys the concept of "respect for life". This book not only shows the beautiful environment of Guangxi, whose ecology cannot be exchanged for gold, but also lets young readers understand that these beautiful mountains and rivers have relied on the local people from ancient times to the present.

The Red Silk Cotton Trees original children's literature series starts with stories about ethnic minority children that are easily accepted and loved by young readers, and helps them understand the cultural history and ethnic customs of the area.

○ 本文作者撰写的《红木棉：构筑诗意的乡土童年文学家园》被译成英文刊登于《出版人》2022年法兰克福书展英文专刊

2. 编校阶段：竭尽全力呈现美

在创新这个层面上，编辑工作和作家的创作过程是相通的。王勇英老师的油画原作具有强烈的艺术气息、广阔的想象空间和极强的视觉表现力。为了让绘本更好地呈现原作风貌，我在内容编排和装帧设计上花了很多心思。

在内容编排上，我们做了减法，也做了加法。因为王老师的创作不像常规绘本那样连贯地讲述故事，我们曾经设想将绘本做成无字书，让图画本身去表达故事。然而，失去文字的版面呆板无趣，缺乏少儿绘本的活泼灵动，最终只好放弃这个设想。同时，考虑到现在的孩子对手工制作衣服的场景过于陌生，我们在《蓝靛布 花衣裳》后半部分增加了科普知识，讲述由一棵麻变成一件花衣裳的美好故事。

在选材上，我们精益求精，做了多项比对。一是选择12开这样的大开本，以呈现油画原作的大气磅礴，以及恢宏、奇幻的想象空间。二是选择优质的进口超感纸作为内文和封面用纸，该纸是艺术类纸张，底色淡雅，纹理自然、立体，既有舒适的观感和触感，又有良好的色彩还原力，能呈现油画原作颜料堆叠的质感及丰富的色彩层次。

在排版设计上，作者、编辑深度参与美术编辑的设计工作，共同打磨细节。例如，为了让绘本的呈现更通透，我们借鉴了画册的排版方式，适当留白，并补充小图让版面更生动活泼；文字或平行排列，或对角排列，或在画内，或在画外，营造高低错落的跳跃趣味。

3. 宣传推广：彰显出版意义与社会效益

为了让更多的读者看到并了解这两部色彩斑斓的原创绘本，在策划之初，我们就策划了一系列阅读推广活动。我做了一份快闪PPT，把油画绘本带给自己的美妙体验图文并茂地展示出来。对于绘本来说，再华丽的语言都难以描述它们，而图片则能直观生动地给人以视觉冲击，帮助读者尽快进入绘本世界，并沉浸在色彩的世界中。

2021年6月底，我社在南宁市五象新区第一实验小学举办王勇英原创油画绘本首发式暨图画书的创作与阅读推广研讨会活动，我们将王勇英老师的近百幅油画原作搬到学校进行展览，还邀请评论家、儿童文学作家、媒体人、阅读推广人及书店代表、师生代表，围绕如何阅读绘本、怎样将儿童文学创作与民族文化传承相结合、如何开展绘本阅读活动等展开讨论。之后，我们在南宁、桂林等城市举办了10多场活动，还举办了3场大型画展。王勇英老师跟小读者和家长分享了绘本中的有趣故事，并引导小读者使用油画笔在画

○ 发挥教育专长，与新华书店联合策划作家系列读写课程

布上随意挥洒来创编自己的故事。这些走近读者的活动，让我们看到和听到孩子和家长对优质原创绘本的期待与需求。孩子们天生对色彩、图画感兴趣，绘本传递出的色彩的美、风土人情的美、想象世界的美，孩子们通通都能感受到。孩子们对艺术创作也非常敏感，他们用色大胆，想象更是天马行空，与我们绘本的气质非常契合。孩子只要感受到美，就等于播撒下一颗美的种子，遇到合适的土壤、气候，就可能会开花结果，也许还会长成一片森林。而这正是我们出版这两本精美绘本的初衷。

遗憾的是，此次整体营销推广计划并未达到预期，主要还是在把控需求、市场分析、合理计算、精准投放等方面做得不足，产品在满足需求、服务读者上还有欠缺，需要多投入精力和时间去把握各种细节。

多年以前，时任副总编孙梅老师曾对我说，她经常在晚上思考选题，也因此常常失眠。当时的我既羡慕又担忧，也趁机请教孙老师如何策划选题，孙老师说要做生活的有心人，并预言我也会体验到这种痛并快乐着的感受。近五年来，我也不时会失眠，常常是思考选题所致。夜深人静之时，灵感悄然而至，某些做书的想法开始萦绕脑海，一个个创意会让大脑持续兴奋，直至难以入眠。虽然不少想法最终难以落地，但这些思考的过程让我极度满足，并真切感受到能从事自己热爱的工作是多么快乐！

（本文作者系广西教育出版社综合编辑部主任）

从编书到做书

——一本书中的亿点点细节

罗 雯

我想跟同人们分享的题目是“从编书到做书——一本书中的亿点点细节”。这个题目刚出来，就有同事问我：“‘亿点点’的‘亿’是这个亿吗？跟点点重复吗？”果然是编辑，就是这么严谨。确实，如果是在书里，我看到了这个字，肯定会忍不住想改。但在这里，我想用这个看似矛盾的说法，说明一本书的出版有无数的细节需要编辑去操心。

我的分享主要围绕两个关键词：编书与做书。编书与做书其实不是严格意义上割裂的两个概念，我主要是借用这两个词来概括我所认为的两种状态，不一定十分准确。

编书是指对作者给的书稿进行编校，保证内容的准确性，消灭差错，按照出版的规范要求出版。做书是指发挥编辑的主观能动性，把编辑对书稿的理解融入对图书内容、结构、形式的处理中。

详细来说，我觉得编书是让一部书稿像一本书的过程。这至少要包括两点：第一，要件齐全。要件包括封面、封底、内封、版权页、前言、目录、正文、附录、后记……相信每一位编辑对此都非常熟悉。第二，符合规范。规范主要是指导向、体例、表述、文字规范、标点规范等，同人们每年都会参加各种培训，工具书也是翻烂了的，尤其是经历过几次抽查质检的编辑就更有深刻的领悟。

在案头编辑阶段，我觉得主要是多编、多学、多问，各种类型的稿子都遇到过，各种问题也都处理过，基础才能慢慢打牢，遇到书稿中的问题时才能快速做出反应。

关于编书，我想跟大家讨论一个问题：为什么我们有时候会觉得一本书不像书？从内容来说，可能主要有两点：一是多了什么；二是少了什么。

关于多了什么，我曾编过一本党建知识读本，作者为了让内容通俗易懂，举了很多例子，但是在其中一个篇章突然加入一些故事和笑话，文风跟整本书的风格不搭，显得很突兀。编辑在遇到多人合著一本书的时候，如果不能很好地统一内容表述，就很容易出现整本书风格不统一的情况。还有一次，我在一本不到两百页的介绍扶贫经验的稿子中，发现作者附上了四五十页的参考文献。虽然把参考文献列出来是遵守学术规范的表现，但就这本书的结构而言，这样做会令这本书的内容比重失衡。

然而，看出书稿少了什么比看出多了什么更需要经验。编辑反反复复看一部书稿，有时候很难跳脱出来。这个时候需要编辑转换身份，要以读者的角度去看待书稿。比如一本关于普通人的故事集，每篇故事都讲得很吸引人且各有特色，但是这本书却少了前言的介绍。假如你是读者，一翻开书就是一个个故事，会不会有点迷惑：这本书为什么选择这些故事？是按照什么标准选择的？此时如果能有前言对书做一个简单的介绍，读者就能更好地理解这本书的意图，从而更快地接受这些故事。多和少是建立在编辑对书的整体把握上，要提高这种把握能力，只能多编、多学、多问。

做书，是让一本书不同于另一本书的过程，是在规范之外，编辑把自己从工作、生活中学到的经验，把自己的专业和创意，应用到书稿中的过程，也就是给图书“增值”。

很多编辑会把做好书作为自己的奋斗目标。知名专家、学者的书是好书，填补市场空白的书是好书，能大卖的书很多也是好书，但并不是每个编辑都有幸遇到和策划出这样的书。或者也可以问一问自己：以我现在的能力，真的有这样一本好书交到我手上，我能做好吗？

其实可以先看看自己手上的稿子，再想一想除了确保这本书符合规范要求，你还能为这本书做点什么？哪怕只是一点点，让这本书的内容、结构、形式有所提升，这些都是作为编辑的价值证明。只有像这样不断积累，等到一部真正的好稿子到你手上了，你才有可能接得住。

让一本书不同于另一本书的过程也是一种创新的过程。创新有大有小，但作为编辑，一定不能没有这个意识。拿到一部书稿，我通常会问自己两个问题：这是一本什么书？我能为这本书做什么？我试着将这两个问题进行分解。

第一个问题可以分解成：这是一本什么类型的书？同类型的书是怎么做的？作者期望传达什么信息？这些信息符合现在的出版规范吗？现有的内容能支撑这些信息的传达吗？……

第二个问题可以分解成：有什么更好的编排方式能帮助作者传达信息？读者希望从这本书中看到什么？同类型的书有哪些问题？形式上还能不能有所突破？我要怎么让读者发现这本书的不同？……

问题分解的过程其实就是我们做书思维形成的过程。编书有时候是个很枯燥的过程，但是我们可以通过自己好的想法，让这本书至少有一点点的与众不同，这就是做一本书最有成就感的部分了。关于做书的问题，我也在不断地探索，我想跟大家分享一下我在编辑工作中遇到的几本书。

首先是我编辑生涯中做的第一本书——《永远的玥玥》，这是对我影响很大的一本书。这本书讲的是 2012 年度“感动中国”十大人物之一的广西小女孩何玥的故事。为了做这本书，我倾注了很多感情，也因此抵消了作为新手遇到的很多困难。虽然这是我做的第一本书，但我并不把它当成简单的编校任务。在结构、内容、故事脚本上，领导都给了我很大的自由，让我从做第一本书开始就有了一个做书的概念。

当时领导交代要做这样一本图书的任务后，我就开始在网上搜索关于何玥的报道，整理出来后发现其实不算多，大部分都是对何玥的同学、老师、亲人的采访。因为这是给小朋友看的图画书，所以经过讨论，我们决定要用讲故事的形式呈现此书。我开始梳理那些报道，把其中关于事实的信息一条一条地整理出来。通过对一些琐碎细节的梳理，何玥的性格、形象就比较清晰了。

内容要点有了，但如何把这些点串联起来，形成一本有逻辑结构的图书？经过梳理，我发现其实这些故事基本上都是围绕家庭、学校、医院展开的，于是就把内容分成三个部分，在此基础上又增加一个部分描写何玥的经历对人们的影响。这样，一本书的基本框架就出来了。之后我再根据梳理出来的内容要点写故事、写画面脚本、增加链接、做附录、写前言、请画手……这本书断断续续做了一年，当时我还是个新手，在领导的指导下，不断修改完善，所幸最后呈现的效果还算令人满意。

○ 《永远的玥玥》

做这本书让我对如何贴近一本书的主题做内容设计、框架构思、细节完善都有了一点模糊的认识。

第二本书是一部专家作品——《解读中国梦——一个古老民族的百

年梦想》，这是我参与的第一本拿到广西精神文明建设“五个一工程”奖优秀作品奖的图书，也是时任社长温六零带领我们整个部门一起做的理论图书。这本书属于通俗理论类读物。在习近平总书记提出“中国梦”不久，这本书的作者公茂虹在网上写了一篇文章《解读中国梦》，温社长是一个对选题很敏锐的人，当时就联系到作者，说服他把这篇文章展开，扩充成一本书，回应社会对这一问题的关注。

○《解读中国梦——一个古老民族的百年梦想》

作者交来的书稿是一部很完整的纯文字稿，温社长看过后，觉得这本书应该要更通俗易懂，于是带着我们所有编辑做了三件事情：一是给每小节内容提炼出关键点，让读者更容易明白这一节讲述的重点。二是加入背景链接，帮助对历史不太熟悉的读者了解相关背景。三是为图书配图，以图片的形式补充相关信息，丰富读者的阅读体验。经过这三个步骤，这本书变得更容易被读者理解，内容更丰富，版面也更多变。这一番处理让我开始明白，一个有经验、有想法的编辑能对一本书做出更大的改变，也开始让我有意识地问自己：我能给一本书带来什么？

之后，我又编辑了许多图书，我对书有了更多的认识，对每类图书应该具备的气质、特点有了一定的了解。这是一个很重要的积累，在面对一部书稿时，我们要能够判断图书的大致样子，才能在此基础上融入更多的创意、想法。

第三本想要跟大家分享的图书是《驻村画记》。这是近年来我在“做书”这个层面上投入最多想法的一本书。

大约在 2019 年，社领导跟我说，《广西日报》上刊登了一篇报道，介绍了一位第一书记，是艺术学院的一位老师，叫尚新周，在驻村期间画了很多画，可以去看看能不能将那些画做成一本书。当时我和社里的美编一起去见了这位尚老师，我们觉得，他既是第一书记，又会绘画，市面上还没有关于此类人物的同类型作品，这是个很新颖的角度。沟通过后，尚老师也很开心，把他工作期间写的一些文字材料发给了我们，包括长长短短的日记、工作报告总结、新闻报道、零散的心得感想、打油诗，还有大量风景画。这要怎么编？很长一段时间，我在电脑上同时开着十几份文档，但是毫无头绪。

后来有一次，尚老师跟我们讲自己是怎么从听不懂当地村民的话，到一步步跟村民打成一片，又是怎么从开始画鸡，到后面帮村民卖土货的故事，我们听得津津有味。再面对那些材料时，我突然打开了思路：如果我是一个读者，我想看的不是他的工作总结，也不是那些数据统计报告，更不是那些新闻报道，而是他在驻村期间发生的一个个生动具体的故事，这些故事能让人看到作为第一书记的他最真实的样子。

有了思路后，我从那些资料中整理出几个主线故事，并请尚老师继续完善一些没有写清楚的故事。经过反复修改，最终整理出十个故事，而这

○《驻村画记》

十个故事应该如何摆放，标题应该怎么取才更吸引人，也经过了和社领导、作者的不断讨论。

这本书的文字和图片其实都是主角，所以美编从头到尾都深度地参与了。一般的图文书可能只是简单地把图片嵌入文字中，而在这本书中，我们尝试了各种做法，如整幅摆放、抠出部分元素摆放、作为文字底图摆放等。光是确定目录用什么字体以及怎么摆放，都尝试了很多次。为了配合尚老师创作的中国画的风格，对整本书的色调、用纸、开本大小都进行了多番考虑。

社领导在看过整体设计效果后，提出好像缺了点“人气”。我们再去翻看样书，发现整本书的图大部分都是风景国画，在一般读者眼里，内容过于雷同。

于是，我们又请尚老师补充画了一些人物画。等人物画补充进去后，整本书感觉就丰富了许多。此时我又有了一些想法：既然我们现在有故事、有人物、有风景，那是不是可以尝试着在纸上打造一个完整的山村，让读者打开这本书，就仿佛进入尚老师所在的小山村，和他一起经历一段艰难却又有趣的乡间生活？

我和美编讨论后都觉得可行。在这个思路下，我们又请尚老师画了一幅山村的地图，还画了一些农具、家具、水果蔬菜等，散置在书中的角落，美编又把原来整幅画中的老黄牛、狗、鸡、鸭等动物抠出来，点缀在书中。

之后，我们仍不断地尝试丰富书稿的内容，到最后真的呈现出了这样的画面：一个变化中的山村，一群可爱的人，一段走向富裕的路。

做这本书的过程也算是我对如何做书这件事的一个小实践，幸运的是，这本书给了编辑很大的操作空间，同时也得到社领导的支持、作者的配合。

关于如何积累做书的经验以及培养做书的感觉，我的做法就是看到任何有意思的东西，都问一问自己，这个可以怎么跟做书结合起来？万物皆可参考。

看到一幅画、一段广告，可以就配色等方面想一想；看到一部电视剧、电影，可以从主题、表现手法等方面去思考。看到一本书就更不用说了，可以思考：这个封面的设计思路是怎样的？这本书是怎么定位的？书的逻辑结构是怎样的？如果由我来策划这本书，会怎么设计这个结构？这本书能摆在书店，优势是什么？这本书还有什么地方可以提升的？这样做，虽然不一定能马上有实际效用，但是可以作为一种思维训练，逐步培养做书的感觉，在真正遇到问题的时候，至少不会一筹莫展。

我的分享主要是做书过程中的一些细节，希望能有一点值得参考的地方。

（本文作者系广西人民出版社党史党建出版中心副主任）

浅谈地方科技出版社如何策划精品图书选题

赖铭洪

地方科技出版社作为服务全国各地科技出版的重要力量，一直以来肩负着传播科学文化思想、促进经济发展、传承人类历史文明的重大任务。近年来，地方科技出版社积极响应国家战略，发挥专业优势，实施精品出版策略，策划出版了一大批精品出版物。2012 年至 2022 年，广西科学技术出版社已有 14 个项目入选国家出版基金资助项目，几乎每年都有项目入选。国家出版基金以“体现国家意志，传承优秀文化，推动繁荣发展，增强文化软实力”为宗旨，是经国务院批准正式设立的第三大国家基金，资助项目代表着国家水准，因此能入选国家出版基金资助项目的都称得上是精品图书选题。作为一个地方科技出版社，广西科学技术出版社策划的选题在申报国家出版基金项目中取得了引人注目的成绩，是其长期以来践行精品意识、质量意识和管理意识的结果。我将以广西科学技术出版社近年来入选国家出版基金资助项目和我参与策划的项目作为分析对象，谈谈地方科技出版社如何策划精品图书选题。

习近平总书记曾提出“时代是出卷人，我们是答卷人，人民是阅卷人”的精辟论述。在承前启后、继往开来的新历史条件和时代背景下，科技出版工作应以正本清源、守正创新思想为指导，充分运用新技术、新思维，策划出版能够服务国家政治、经济、文化、生态环境等领域发展的优质选题。在出版业新业态发展背景下，地方科技出版社只有结合地域产业发展，深入调研，融入创新意识，积极打造出版品牌，重视融合创新发展，延伸文化服务链条，才能在激烈的选题竞争中有所收获，为广大读者奉献出高质量的优秀出版物，交出一份令人民满意的答卷。

一、充分结合地域产业发展，深耕地方，发挥专业优势

我国地大物博，各地有丰富厚重的自然资源和人文资源，对这些资源进行持续、深入的研究，有望挖掘出一批在国内外具有重大影响力的研究成果。地方特色资源是地方科技出版社重要的出版“富矿”。地方科技出版社可以围绕这些独特的资源策划相关的图书选题，打造出一批具有时代高度和理论深度的精品出版物，《中国野生稻》的策划出版就是一个典型案例。

一直以来，广西科学技术出版社领导班子高度重视精品学术著作选题的策划，鼓励编辑深入挖掘我社传统优势科技图书资源，积极推进原创图书的选题策划和经典图书的再版工作。

○《中国野生稻》

2018年10月，我在对我社出版过的重点学术著作进行系统梳理时发现，十几年前出版过的《中国野生稻资源》很有再版价值。《中国野生稻资源》是一部全面、系统阐述我国野生稻种质资源研究主要成果和进展的学术著作，作者是中国农业科学院作物品种资源研究所研究员庞汉华和广西农业科学院作物品种资源研究所原

所长陈成斌，他们都是资深的野生稻研究专家。这部著作内容独特、权威，颇具代表性。而且全国研究野生稻的机构主要集中在广西、广东、海南、云南等省（区），广西在野生稻的普查、考察、搜集、保存、鉴定、评价和创新利用等方面具有地域优势，因此我萌发了将《中国野生稻资源》修订再版的想法。

我的想法得到了时任副社长萨宣敏的认可，选题顺利通过了论证，被列入我社图书出版规划重点项目。如何将这部学术著作修订再版，让它焕发出新的生命力呢？我们组织编辑深入地方做市场调研，认真地审读原著，虚心地向我社原总编辑唐一雄等老领导和同事请教，上门拜访作者，并讨论修订方案等。最终编辑部和作者共同制定出了《中国野生稻资源》的修订出版方案。

第一，更改书名，重新打造品牌。我们将书名改为《中国野生稻》。新书名更简洁，更能“体现国家意志”，寓意《中国野生稻》将在全球背景下以更高的视野重新思考野生稻资源对于中国乃至世界的意义，探讨中国野生稻资源的最新利用成就和发展趋势，并对中国野生稻资源的发展做出新时代的展望。

第二，紧跟前沿，丰富内容层次。我们在原版内容的基础上新增了近几年的研究成果和最新技术。例如，在原版内容中关于野生稻资料收集方面，增加 2002—2010 年的野生稻考察资料和野生稻种质资源考察取样技术标准；在鉴定评价方面，增加中国野生稻种质资源鉴定评价国家行业技术标准和普通野生稻、药用野生稻、疣粒野生稻的农业性状鉴定评价结果；在野生稻起源演化方面，增加稻种资源核 DNA 测序结果的确认和核 DNA 测序确定的可能性起源地；在种质利用方面，补充分子标记育种技术；在资源保护方面，增加异位保存和原生境保存设施技术；修改野生稻种质资源应用研究发展主要趋势的相关内容；根据实际需要增加了文后的附录。

第三，兼顾通俗，发挥科普效用。在强化著作的科普作用的同时，编辑还需兼顾内容的可读性与专业性。原版著作更注重学术性，图片很少，对普通读者来说可读性较差，因此我们邀请插画师重新绘制插图，请作者提供更丰富的图片，新书增加了139幅图片。另外，我们在原有章节的基础上增加了“第一章　中国野生稻保存与利用研究的意义”“第六章　野生稻种质资源平台的建设与运行”。同时，在野生稻分布方面，增加了现代中国野生稻的地理分布，以及在野生稻资源优异种质利用方面，增加了国外野生稻资源的利用与开发案例等内容。

第四，突出权威，邀请名家审读。为了扩大图书的影响力，保障图书内容的科学性，我们邀请了中国工程院院士、日本京都大学遗传学专业农学博士、中国农业科学院副院长万建民和中国工程院副院长、中国工程院院士、著名植物种质资源学家刘旭两位院士审读书稿并作序推荐。

《中国野生稻》立项后，由于作者在野生稻研究领域较权威，同时该选题的实施对解决粮食安全、打赢脱贫攻坚战、全面建成小康社会具有重大意义，因此入选了“2020年度国家出版基金资助项目”。图书出版后还被作为“2019—2020年国家出版基金项目”的优秀图书在第三十届全国图书交易博览会上展出。

除了《中国野生稻》，广西科学技术出版社策划的《中国南亚热带蚕丝学》、《广西植物志》系列、《广西少数民族医药文库（第一辑）》、“骆越文化研究丛书（第一辑）”、《中国壮药原色鉴别图谱》等项目，都展示了独具广西地方特色又有全国乃至世界影响力的研究成果，并且均入选国家出版基金资助项目。

二、对接高层次、高水平作者

作者的科研能力、学术造诣和专业能力是保障科技出版选题内容质量的关键。地方科技出版社只有聚拢在本专业领域内学术水平高的优质作者，才能策划打造出高质量的学术精品。例如，《中国野生稻》的作者庞汉华和陈成斌都是农业科学物种资源水稻研究领域的一流专家，长期从事野生稻种质资源保护与利用的研究工作，学术造诣深厚，曾主持实施过“六五”“七五”“八五”“九五”期间的多项国家级野生稻研究项目，其研究成果代表了国家水平，确保了图书内容学术上的权威性和前沿性。《中国南亚热带蚕丝学》的主编顾家栋是我国著名桑蚕育种专家，长期从事南亚热带家蚕遗传育种和蚕业技术研究，先后主持多项国家重大科研项目，我们将其研究成果结集出版，填补了国内外蚕丝学技术领域的空白。事实证明，《中国南亚热带蚕丝学》成为中国乃至世界亚热带国家发展蚕丝业的重要技术专著，堪称我国蚕丝业之经典著作。

编辑不仅要埋头编书，还要多出去走走，参加相关领域的学术会议，这样更能及时掌握最新的学术前沿资讯，有机会对接高层次、高水平作者，策划出高质量选题。

2020 年 9 月，在卢培钊社长的带领下，萨宣敏副社长和我等一行人到深圳参加世界无人机大会，进行相关选题的调研。大会主办方除了举办无人机产业展览会，同期还举办一些学术研讨论坛、专题会议，邀请世界各地无人机研究领域的专家、学者来做主题演讲。我们通过大会主办方印发的活动日程安排资料，了解到 9 月 13 日有一个分会场召开第八届国际精准农业航空会议，会议主持人是国际精准农业航空学会主席兰玉彬教授。兰玉彬教授是华南农业大学电子工程学院（人工智能学院）院长、山东理工大学农业工程与

○ 2021年5月，在世界无人机大会与兰玉彬教授（中）合影留念

食品科学学院院长、国家精准农业航空施药技术国际联合研究中心主任和首席科学家，长期从事农业机械和农业智能装备方面的研究。兰玉彬教授是我国研究精准农业航空技术的领军人物，研究领域前沿，学术造诣深厚，所以我们决定去参加由他主持的该场会议，进一步了解精准农业航空技术的发展现状和发展趋势。

由于我们是临时决定去参加这个会议，没有提前报名，只能以媒体记者的身份进入会场，坐在后排的媒体席参会。兰玉彬教授和演讲嘉宾们坐在会场前排座位，忙于主持大会和做主题演讲，因此我们都没有机会与兰玉彬教授交流。一直等到会议议程过半，趁其他嘉宾在台上做主题演讲，兰玉彬教授才起身走出会场稍作休息。我们见状，赶紧抓住这难得的机会，在会场外的走廊上“截住”兰玉彬教授，递上名片做自我介绍。非常巧合的是，在得知我们的来意后，兰玉彬教授说，他整理了在精准农业航空领域工作20多年的研究成果，编写了一套“精准农业航空技术”丛书，目前正在寻找出版社洽谈出版事宜。在了解我社非常重视精品学术著作的出版后，他表示愿意把书稿交给我们社出版。就这样，我们和兰玉彬教授得以顺利对接。

2021 年 5 月，在卢培钊社长和萨宣敏副社长的带领下，我们又到深圳参加“2021 第五届世界无人机大会”。在大会现场，我们与兰玉彬教授进行了深入交流，兰玉彬教授对我社主动服务学术著作出版的举措表示赞赏，并表示将会进一步完善书稿，争取早日推出作品。

2021 年 8 月，“精准农业航空技术”丛书完成初稿创作，我社推荐其申报 2022 年国家出版基金项目，并于 2022 年 3 月成功入选资助项目。

假如我们没有到深圳参加世界无人机大会，没有职业敏锐性主动参加学术会议，就不会结识兰玉彬教授，也就不会组到“精准农业航空技术”丛书的选题。

三、注重出版创新，提高编辑含量

编辑要有很强的学习能力和精益求精的创新意识，只有不断地对选题内容、展示形式、传播途径等进行创新，才能推动出版高质量发展。广西科学技术出版社入选国家出版基金资助项目的《生物学大辞典》虽然是一个修订版图书的选题，但是编辑在选题策划的过程中做了很大的创新。例如，用更符合年轻读者使用习惯的音序编排正文词条；对每个分支学科的所有词目按照层次梯度逐级细分，避免了收词重复和疏漏；运用大数据通过各学术平台收集查询热词，并进行筛选，确保所收的词汇更实用；辞典依托全国科学技术名词审定委员会对词汇进行了查询对比，保证科技术语的规范性；等等。由于编辑在选题策划过程中不断地思考和创新，对选题进行了诸多有益的探

○ 《广西鸟类图鉴》

索，因此该选题在申报国家出版基金项目时获得了评审专家和推荐专家的一致好评。

我社重点出版项目《广西鸟类图鉴》的出版同样凝聚了作者与出版人的心血，其编写过程蕴含了作者的工匠精神，其内容板块构建、装帧设计、编校加工等也体现了我们出版人的编辑含量。

在《广西鸟类图鉴》选题刚立项的时候，我们编辑团队还不太了解这本书的使用场景，也有疑问：将来读者到底怎样使用这本书？他们对哪些内容最感兴趣？后来我们了解到，这本书的作者们大多是观鸟爱好者和鸟类摄影爱好者，他们有时会聚在一起，组织一些野外观鸟活动。为了了解读者的真正需求，我跟和我对接的覃春副主编提出想加入观鸟活动的想法，询问能不能带编辑一起去。覃副主编非常爽快地答应了。然后我们就买了望远镜，周末跟着作者团队去南湖公园、青秀湖公园、青秀山等地方观鸟，亲身体验观鸟过程，以读者的角度思考阅读需求。这些体验和思考为后来我们编辑团队对图书版式的设计、内容板块的构建提供了很大的帮助。

此外，我们购买了大量鸟类图鉴、观鸟手册，研究这些同类书的装帧设计。最终我们确定了这本书的设计定位：首先是广西鸟类最新研究成果的梳理和总结，然后才是观鸟指南。因此，版式设计采用的是鸟类图鉴的理念，而不是观鸟手册。二者除了内容侧重点不同，排版和装帧形式的诉求也不一样。大部分的观鸟手册更侧重野外携带的便捷性，所以会尽量采用小开本、小字号、小行距等非常紧凑的设计，阅读的舒适性不是很好。因此根据我们对本书的定位，我们在设计《广西鸟类图鉴》版式的时候，采用了正常的字号、行间距，加上全书配有大量精美的图片，所以读者在翻阅这本书的时候，阅读体验还是非常好的。

在编校环节，我们对书稿的基本要求是达到“齐、清、定”：“齐”就是要求书稿齐全完整，“清”就是清楚整洁，“定”就是内容确定。但是《广西鸟类图鉴》的书稿很难达到这个要求，在编校过程中基本处于变动状态，内容难以确定。比如，书稿已经到二校、三校了，但是作者团队又征集到了更好的鸟类图片，为了追求完美，他们希望能更换图片。又如，有人拍到新的鸟种，为了不留遗憾，就要增加鸟种的内容，或者作者团队讨论后认为某个鸟种在广西出现的证据不够，决定撤下，图书付印前还有增删鸟种的情况。这些对我们的编校工作非常不利，我们的解决方法是通过增加编校的次数来保障这本书的编校质量。

最终，作者与编辑以实事求是的严谨态度，反复打磨书稿，力求精益求精，用工匠精神打造了这本《广西鸟类图鉴》。

四、深入研究国家重点产业发展战略和社会重大需求

在策划选题前，编辑应深入研究国家相关政策方针，关注国家重点发展战略和社会重大需求，关注国家自然科学基金、国家社会科学基金等国家重大研究成果。科技出版选题策划应发挥专业优势，以国家重点产业发展战略需求为指导方向。例如，《中国南亚热带蚕丝学》选题的策划就是以国家实

○ 《中国南亚热带蚕丝学》

施的“东桑西移”战略决策为指引，把近年来国内外在蚕丝基础和应用方面的研究进展进行总结，服务蚕丝业生产科学发展。《中国野生稻》全面总结了我国野生稻资源优势和基因优势，让水稻领域的科技成果真正造福国家、惠及百姓。“骆越文化研究丛书（第一辑）”是以国家社会科学基金研究成果为基础，介绍了骆越文化与中原文化的关系，对国家文化主权、文化安全，以及提升边疆民族文化自信具有重大意义。广西科学技术出版社策划出版的这些精品图书选题，在每个项目的策划上都精准把握时机，紧扣国家重点产业发展战略背景，符合重大的经济社会发展需求。

五、重视出版品牌的打造

出版品牌的树立要从选题、内容、作者、编校、装帧设计、印制等各个环节以打造精品图书的标准去要求。出版品牌的形成，不仅有利于图书的宣传推广，而且对提高出版社的影响力也有极大的帮助。《广西植物志》就是几代植物学家和出版人接力打造的科技出版品牌。《广西植物志》于 1981 年

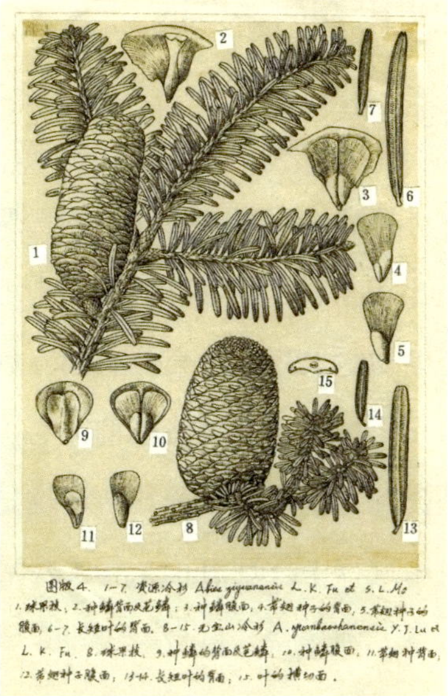

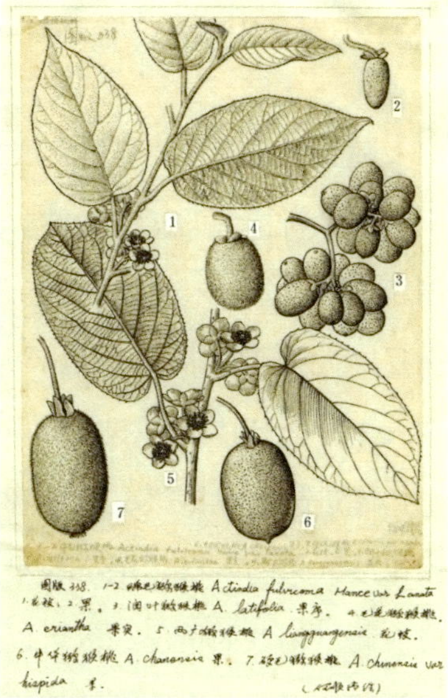

○ 《广西植物志》插图手稿

正式立项编纂，1991 年出版第一卷，至 2017 年才完成全部六卷的出版，共计 5576 页，总字数达 1037 万字，由广西植物研究所主持，先后得到中国科学院植物研究所、中国科学院华南植物园、中国科学院昆明植物研究所、江苏省中国科学院植物研究所等 15 个单位百余名科研技术人员的倾力相助。正是在众多植物学家兢兢业业、坚持不懈的努力之下，在广西科技出版人守正创新、精耕细作的追求之下，这套著作才得以问世。由于广西科学技术出版社注重品牌的打造和延伸，把特色选题做专、做深、做透，将《广西植物志》打造成品牌图书，并形成独具特色的学术出版品牌，在后续的项目申报中，《广西植物志》系列连续三年入选国家出版基金资助项目。

六、充分利用新媒体技术，促进融合创新发展

随着信息技术的迅速发展，出版行业也受到互联网、大数据、人工智能、区块链等新技术的深刻影响。地方科技类出版社编辑在策划选题时，要加强创新意识，关注科技发展动态，促进出版与科技的融合，积极利用新媒体技术，满足广大读者需求。我社出版的《生物学大辞典》充分利用互联网、大数据和人工智能等技术，不仅实现电脑和手机终端的智能查询，与国内各生物类数据库进行有机链接，为读者提供资源共享型电子辞典，还增加了用户和专家修改词条的入口。用户如果在使用过程中发现有词条释文滞后、词条陈旧或有新增词条的情况，都可以反馈意见到后台，后台经过审定发布，做到实时更新。因此，在选题策划时利用新媒体技术在内容生产、传播形式、服务读者和出版方式等方面进行创新，最终做到让出版活动更加活跃，知识传播更加便捷。

如何在出版新征程中推出更多思想精深、艺术精湛、制作精良的图书作品以满足人民群众对美好精神生活的向往，无疑是值得出版人深入思考的问题。而出版优秀作品的关键就是激发创新创造活力，从源头上策划精品图书选题。精品图书选题的竞争主要体现在作者资源的竞争，同时也是出版社综合能力的竞争。地方科技出版社想要策划出更多的精品图书选题，需要强化编辑的选题策划能力，围绕国家重大科研成果规划中长期选题；需要出版社对机制设置和考核体制进行合理配套；需要出版社决策者具有一定的胆略与魄力，需要编辑部具有承担风险与责任的能力，更需要编辑葆有做精品图书的炽热情怀。

（本文作者系广西科学技术出版社大众科普出版中心主任）

心手相乖非妙也

——书法普及时代下的书法图书编辑思考

潘海清

2021年12月10日，国务院学位委员会发布《关于对〈博士、硕士学位授予和人才培养学科专业目录〉及其管理办法征求意见的函》，首次明确规定美术与书法合并为一级学科，书法学科由原来“美术学”下的二级学科升级为一级学科。如此，书法专业人才将有新的评定标准，这意味着学校里的书法老师和美术老师一样，有对应的教师资格和教学编制及岗位。这一消息被许多媒体转载，我的朋友圈也顿时被刷屏，书法圈内的朋友纷纷奔走相告，大家不管是否直接受益，都为自己是书法人感到自豪。我对这个文件的关注是因为它正好符合我今天要分享的主题——大时代背景下，书法编辑对书法图书的编辑思考。

一

书法在古代是文人士大夫专用，常见于达官贵人、名流贤士的圈子，一般老百姓几乎不涉及，历史上最著名的一次名流贤士集会就是王羲之在《兰亭序》里描述的，但就算是群贤毕至，少长咸集，也不及百人。南宋高宗下旨翻刻摹拓欧阳询的《定武兰亭》，士大夫人手一册，到了普及的地步，但仍然只是士大夫圈内交流传阅，也不是全民受用。如果从历史和文化影响的角度来说，书法算是中国的国粹，但与其他传统文化形式相比，书法在社会大众认知里还是属于阳春白雪，在很长一段时间里，书法都被认为是门槛比较高的艺术形式。从某种意义上来说，这是对书法地位的肯定，但这也限制了书法的广泛普及，特别是与书法长久以来一直作为中国的一个文化符号被世界认可的现实不相称。所以不管是从传统文化继承和传播角度，还是从社会精神文化建设角度来说，书法普及都是势在必行、人心所向的。随着物质生活水平的提高，人民群众对文化，特别是对传统文化的学习需求也在提升。当下，从国家层面到地方政府，频频出台相关政策推动书法发展，全社会出现了前所未有的“书法热潮”。我也收集了近几年国务院、教育部以及其他省份颁布的关于推进中小学书法普及有代表性的文件，从中可以看出推进书法普及的进度和方向。

2019 年 6 月，中共中央、国务院印发《关于深化教育教学改革全面提高义务教育质量的意见》，指出严格落实音乐、美术、书法等课程，结合地方文化设立艺术特色课程。这是从国家层面要求严格落实书法课程，实属罕见。

2013 年，教育部出台《中小学书法教育指导纲要》，规定书法教育纳入教学研究工作的范围，这说明书法已经不是选修课，而是必修课。2014 年底，教育部出台《关于加强和改进普通高中学生综合素质评价的意见》，规定学生的综合素质评价内容包括思想品德、学业水平、身心健康、艺术素养和社会实践 5 项，其中“艺术素养”包括书法。2015 年，教育部开始试点实施《中小学生艺术素质测评办法》，规定“书法特长生加 10 分”。2018 年，教育部官网发布“教育部对十三届全国人大一次会议第 7496 号建议的答复”，对于“让书法纳入中高考评价体系”的问题，教育部在答复中提到，将书法纳入中考、高考体系，对于切实推进中小学生书法教育进课堂有直接推动作用。

2017 年底，上海中小学生迎来首次写字等级考试，报名要求由原来的“自愿”变成“必须”，考试成绩根据优秀、合格、不合格三个等级记入《上海市学生成长记录册》，成绩不合格者，需参加补考。2019 年北京市中考《考试说明》发布，北京市中考突出对中华优秀传统文化和法治的考查，其中书法被纳入语文学科中考查，增考认识篆、隶、草、楷、行五种字体。2020 年 6 月，《关于广东省普通高校书法学专业术科考试实行省统一考试的通知》公布，从 2021 年起，广东省普通高校书法学专业术科考试实行省统一考试。

从上述文件可以看出，中小学生学习书法已从过去只是个人兴趣爱好，小范围交流模式，扩展到有政策、有目标、有规模的推广模式。书法是学生的必修技能，书法教育全方位贯穿于进校园的必修课、课后兴趣班、中高考等，教学任务侧重认识书体、了解书法文化和熟练掌握书写技能等方面，由此可见，书法教育将从“软任务”变成“硬指标”。

和其他学科不同，书法艺术的普及不仅是因为国家层面的提倡和国人对传统艺术发自内心的喜欢，出版业的发展也给这门学科的普及提供了必要的社会土壤。民国以前，书法基础教育以私塾或书院为场所，以师徒相授为手段，新式出版尚未萌芽，学生的书法教材缺失，只有少数学生拥有碑刻拓片、墨迹摹本等珍贵范本，因此大大限制了书法教育的普及。现在，出版业发展，出版技术发达，资源丰富，书法教材、碑帖范本、理论工具书的出版为书法普及夯实基础，成为书法普及的主要推动力，使书法的受众面越发宽广。

二

相对音像电子出版而言，纸质图书出版仍然在书法艺术的传承中扮演着不可或缺的角色。书法图书属于美术出版社的出版范畴，但书法出版的门槛低，近年来，美术出版社和非美术出版社出版书法图书的比例已经越来越接近。

如北京体育大学出版社、上海交通大学出版社等，都出版了很多有市场价值的书法普及图书。一名书法图书编辑应了解当下的书法美育教育方式和要求，思考如何策划选题和构建编辑思路，如何运用当下的编辑技术手段完善选题。前者如果是出自心，后者就是来自手，只有心手相合才能编辑出读者定位精准的图书。

书法美育教育的概念是当下根据美感教育提出的。当年蔡元培先生到德国学习“美学”知识，最初是想做一名孤高的学问家，后来发现中国社会各阶层严重缺乏格调、修养和趣味的情感教育，所以他决定通过“美育”的社会文化建设将之传播给大众。陈振濂先生认为书法“美育”是由美感、审美统领技能和知识，把书法教育分解成不同层次，即技能、知识和美感、审美之间的关系。

在书法史上，书法教育在各个时期有不同的特点，而图书的编写方向也随之变化。古代书法教育是与自然相结合的，形象存在不确定性。如王羲之的老师卫夫人在书学启蒙《笔阵图》中，对书法点画的形容：“（横）如千里阵云，隐隐然其实有形。（点）如高峰坠石，磕磕然实如崩也。……（竖）万岁枯藤……”南朝的袁昂在《古今书评》里用自然事物、人物形象，甚至音乐感受，对书家进行品评。比如评论羊欣的书法“如大家婢为夫人，虽处其位，而举止羞涩，终不似真”；皇象的书法“如歌声绕梁，琴人舍徽”。对于这些现象的描述，我们似乎都能理解字面意思，但一个笔画或一种书风是如何如高峰坠石，如何才是举止羞涩，歌声绕梁多久才令人叫绝，就见仁见智了。那时候没有真正意义上的出版行业，书法的传播和学习仅限于师徒相授。近代以降，新式学堂逐渐普及，书法教育也走向系统化，还出台了一系列规范，如杨保恒、黄炎培的《实用主义小学教育法》强调了书法教育的规范性。这时候的书法教育是技重于情。随着图书出版行业的发展，书法图书的编写和编辑思路有别于民国以前，技能经验的传授编写方式是民国时期书法教育的特点。20 世纪 80 年代，上海成为书法教育的开创地，少年宫书法教学率先开展，其中著名者就是沈尹默先生，其教学方向仍然注重技法，从经典临本中学习用笔方法。1980 年上海书画出版社出版的《中学生字帖》，编写方向是注重技法，向读者示范每一笔、每一画是如何写出来的，非常实用，受到读者喜爱，畅销至今。这一时期的图书编写方向除了技法的教授，图片资料的分类整合、工具书的简单检索等也开始出现，这些选题方向和编辑思路影响至今。

三

梳理书法教学方法的演变历史，目的是让大家了解，书法教育的实践方法随着社会的发展而发展，当代的书法图书不仅要向读者提供阅读及查检功能，还要有技法指导、临本编选等指导实践的功能，并能引导情感、性格、审美等非标准化的立场，把美育深入其中。这就是我们图书选题策划和编辑思路的新方向。在具体操作中，技法类、碑帖类和合作图书在编辑上需要再创造，这通过整体框架构建、选题定位、技术处理细节等来体现。

书法类图书的定位，不是按照读者的年龄，而是依据读者对书法技能掌握的程度来定位。比如一本书法技法书，主要是传授技法经验，所讲的内容适合书法初学者，而不囿于读者年龄。现在，为了提高市场推广的精准性，选题定位都会明确地提示适用于青少年入门或老年人入门等，但实际的技法经验是相通的。不过既然按照年龄定位，在编写上必定要有所区分。我曾经策划过一套“青少年书法标准入门丛书”，一共 8 本，选择了适合入门者学习的较为经典的碑帖，分别是楷书 4 种，行书和隶书各 2 种，大 16 开的开本，单册定价为 18 元。我的策划思路是用循序渐进的方式，从执笔、基本用笔、点画、结构等图例形式进行编写，点画和结构选取有代表性的例字，用虚线标出运笔图，整书反映书法的学习规律。这套丛书的作者团队都是美术院校书法专业的毕业生，当时我想，以他们的书法专业知识，编写青少年书法基础入门图书肯定是信手拈来、轻车熟路的，他们自己在编写过程中确实也得心应手，然而这套书的市场销售情况却不佳。究其原因，我认为在范字的选择上，我忽略了青少年对汉字认识有限，加上青少年仍在初学阶段，对运笔方法的理解不深、熟练度不足，如果范字笔画过多，结构过于复杂，学习起来势必会感觉无从下手，最后失去信心，从而影响这本书的使用。相比之下，我社有一套相同定位的书法入门普及图书“书法大字谱”系列，这套书畅销二十年，它的定位就比较精准，更加贴近青少年。

○“青少年书法标准入门丛书”部分图书

传承经典，守正出新是书法学习的不二法门，碑帖类图书的出版就是这个方向。我记得当年考美术学院前，我的老师叫我准备 1983 年上海书画出版社出版的《书法自学丛帖》，这套书把经典法帖汇集成册，按照正书、篆隶和行草各三册编排，每篇附上释文和简介。按照现在的标准来看，这套书的印刷非常一般，但它把学习书法绕不过的经典法帖整合到一起，而且底版均采用较好的版本，满足了书法学习者的需求，因此在出版后的二十年里，这套书基本上成为书法学习者必备的临本工具书。学习书法最重要的是以经典为师，古代碑帖就是经典，所以在任何时候，碑帖类都是书法图书中不可或缺的类别。过去的碑帖是黑白印刷，如上文提到的《书法自学丛帖》，后来随着科技的进步，碑帖类图书很快就有了彩色印刷，印刷的清晰度和精细度和过去不可同日而语，几乎可以把字里的细节都体现出来，就算是底版质量不佳，也能通过图片处理和提高印刷要求达到可观细节的程度，因此，黑白印刷的碑帖很快就失去了市场优势。而在 20 世纪中期，碑帖出版稀少，当时一有碑帖类图书上市，书法学习者如获至宝，马上抢购。今天，各种碑帖层出不穷，读者不再满足于只有简单的排图和释文，还提出了更多、更高的要求，这对编辑来说是个新的挑战，谁能在传统书法图书的编辑基础上加入新的实用功能，就有可能打开更广阔的市场。除了图片清晰、版本精良等直观印象，出版碑帖类图书还要注重碑帖的附加功能，比如，侧重文字释读、同类碑帖的对比、名家批注等多样化实用的内容。开本的设计也可以是五花八门的，大则全开纸，小则单个字就占一面等，让读者有新鲜感。我也编辑过一些碑帖类图书，其中有一套丛书叫“图像时代碑帖典集”，包含楷书、行书、草书、隶书、篆书，共五本，每一种书体精选十二种碑帖，每种碑帖裁剪出最能代表这一帖的结构、笔法和章法特点的局部，给临书者反复临写，从而掌握这一碑帖的艺术特点，这是横向的编辑思路。把十二种不同书家或者不同朝代，

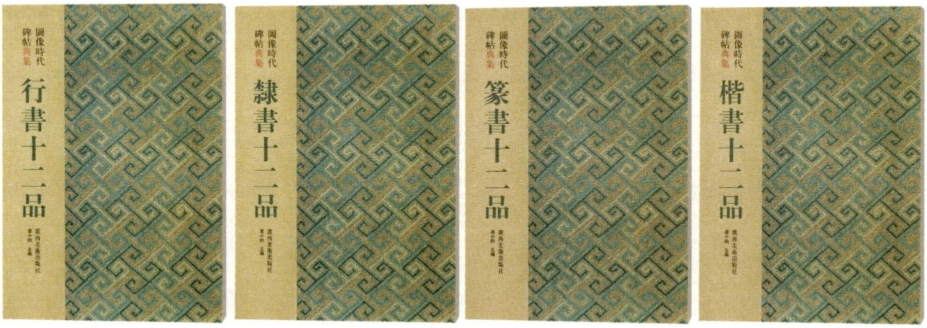

○ “图像时代碑帖典集”系列部分图书

但相同书体的碑帖放在一起，让读者可以对风格进行前后对比，从而提炼经典中的创作要素，这是纵向的编辑思路。这套书很适合教师用作教学书，给学生做对比临摹练习，举一反三。据统计，碑帖类图书在书法类图书市场中占比最大，各家出版社都可以出版碑帖类图书。但是，市场对碑帖类图书有很高的要求，要想做到精品，我认为还是要有图片质量好且价值高的经典版本，并且在编辑思路上要有创新，要明确读者定位，在编辑细节上下功夫。

在日常工作中，还会遇到作者自费出版的选题。想要自费出版书法图书的作者除了艺术家或教师，还有书法爱好者，这说明书法已经有了很广泛的群众基础，书者的自觉和自信提高了书法的开放性，增加了书法图书出版的品类。但是，这类作者往往只关注书法作品的优劣，而忽略全书的整体性，这时编辑就得更深入地了解作者的创作侧重点和喜好，提炼其创作主题，深挖内涵，理顺图书的编辑思路。比如，《罗殿龙书法》系列图书的作者罗殿龙先生就不是传统意义上的书法家，但他对古代经典的临摹痴迷已久，临摹这一学书方法也影响了他身边的不少人，他想出版个人临摹书法集。他给我提供了将近200幅临摹作品，涉及碑帖100多件，时间跨度上溯秦汉，下至明清。

中国书法艺术伴随文字变革创造出多种形式的线条艺术，留下的经典作品犹如浩瀚繁星，这100多件作品都是亮眼明星，是书法史中不可或缺的经典之作。罗殿龙先生对这100多件碑帖的临摹，俨然是对书法史的临摹。除此，罗殿龙先生还对《圣教序》《灵飞经》等作品用不同幅式临摹多次，对经典呈现不同的演绎，突出了他个人的研究成果。那么，这么多的作品该如何编？如果按照时间顺序编排，书就会做得很厚，书名也只能用编号来区别，内容则像流水账一样。如果按照年代编排，不同作品数量不均衡，一套书厚薄悬殊太大，也是不合理的。这些经典作品时间跨度长，内容丰富，在临摹的过程中，他对于每幅作品都有较深刻的临摹体会，所以，我认为这套书可以给读者呈现出书法的学术性，以此做到令人耳目一新。我按照书法艺术史的分类把这批作品分为临秦汉石刻文字、临王羲之法帖、临历代名帖、临历代小楷名品和临王羲之《圣教序》五大主题六分册，各分册有独立的主题，整体又可视为书法史的缩影。除了分类，书家临摹作品开篇配上原帖对照、原帖相关背景介绍和作者的学书感悟，给读者呈现作者临书的即时感受，丰富了全书的学术性。莫小也教授曾经评价，这套书可以帮助读者扩大视野，让读者在大量逼真的印刷品前，先学会选择书法范本，在领略那些经典文学名篇的巨大魅力的同时，又深刻体会东方书道的内涵精神与中国文化核心的一致性。这正是我良苦用心的地方，而非只想简单地呈现个人临摹作品集。

在编辑自费出版的图书时，审读同样不能放松，除要把关作者的学识背景外，编辑也应该用专业的眼光来判断创作水准，要有基本的书法审美，提倡质朴、率真，拒绝媚俗和狂怪，可以创新但不能否定或者曲解经典。我刚做编辑时就遇到过这样一个选题，这位作者给我提供他的草书作品，说想出版草书作品集。洋洋洒洒100多幅的草书作品，乍一看写得龙飞凤舞，满纸烟云，但仔细一读，发现草书字法错漏百出，几乎是错别字连篇，不合规律，严重曲解经典，最后只能做退稿处理了。

这种存在明显谬误的自投稿虽然并不多，但优质资源更少。起初，我对图书出版的想象是出版社自带资源，前辈把很多优质的资源传递下来，实现传帮带，新人只负责编辑加工，不用考虑选题开发，选择自己喜欢的书编辑即可。我曾经看过中国出版集团前总裁杨牧之先生在一篇怀念周振甫先生的文章中这样描述：“书局领导为培养锻炼我们这些刚毕业的大学生古籍整理的能力，就给我们每个人都找了一位‘师傅’，跟着‘师傅’学。恰好，我的‘师傅’就是周振甫与王毓铨先生。王、周二位先生分工校点《明史》，我就从旁学徒。”这何尝不是每一位新编辑羡慕的情形，然而我进入出版社时并非如此。在以绘画图书为主要定位的出版社，即使有前辈的传帮带，书法图书的选题资源也比较匮乏，需要自己去开发，每种选题的编辑思路仍需自己摸索着前进。起初，我在读者定位、编辑思路上走了不少弯路，比如前面提到的“青少年书法标准入门丛书”，把面向初级读者的图书编得很难，就像让小孩子穿上成人的衣服，难以驾驭。在开发选题资源上，虽然有满腔热情，但实操起来也会处处碰壁。

编辑光有专业知识不行，闭门造车更加不可取，而是要深入市场，精准选择细分市场，增强对读者定位的把握能力，提高选题的针对性。书法类图书选题一般有碑帖、技法教程、书法赏析、书法教材教辅、书法研究及工具书等类别，编辑要能规划整合内容资源，增强图书的实用功能。在对产品、读者进行细分的同时，书法的专业性和艺术性要求也必须得到满足。目前书法图书的同类产品比较多，但产品同质化严重，缺少有特点、有突破的产品，所以同类选题要做出特点，提高编辑的创新能力是非常重要的。如果说选题策划和编辑思路是心，那么把想法落地就是手，如果心手相乖，必定无法编辑出读者定位精准的图书。

今天，书法美育已经进入大众普及的新时代，仅有书法技能的教授已不能涵盖书法美育的全部内容，如何在实践中提高审美欣赏能力，感受汉字之美、了解书法形式之美、体悟书法文化之美和欣赏书法之美，最终感知中国传统文化之美，成为新时代书法美育的要求。出版人的使命，就是推动书法美育思想走进千家万户。产品的同质化严重、图书成本高和网络销售价格混乱使出版社不得不在编辑出版和营销推广上“挣扎”，绞尽脑汁试图在编辑创新、节约成本和个性营销上获取生机。在过去，出版为书法的普及提供了良好的社会土壤，使原本束之高阁、晦涩玄妙的传统书法在大众视野中“开枝散叶”。经过历史的沉浮，如今，出版人在书法普及的大环境下同样要牢牢把握时机，精准定位目标读者，关注大众读者的文化水平和实际需求，策划出符合市场“口味”的书法美育图书，进一步促进书法的发展。书法是中国传统文化的核心，讲究积累和传承，而积累和传承何尝不是出版的特性呢！

清朝书家朱和羹在《临池心解》中提到：“书学不过一技耳，然立品是第一关头。品高者，一点一画，自有清刚雅正之气；品下者，虽激昂顿挫，俨然可观，而纵横刚暴，未免流露楮外。”书法和人品，虽然不能一概而论，但这也说明了书法对于修身养性的重要性，而图书出版作为书法的一种传播方式，在建设和谐社会的中国梦进程中，更应该发挥积极作用，为人民群众提供更多、更好的美育作品。

书法图书出版的春天真的到来了。

（本文作者系广西美术出版社第一编辑部主任）

守正笃实，久久为功

——谈谈教育图书编辑之为

严结娥

“守正笃实，久久为功”，大致意思是围绕坚定的目标努力踏实地做事，要有长久的毅力，做事要持之以恒。这句话告诉我们要脚踏实地地努力，一步一个脚印才能取得成功。我认为这句话很符合我们教育图书编辑工作的特点和性质，于是暂且借来一用。本文所讲的教育图书编辑之为中的“为”主要包括两个方面，即作为（做法）和修为。说修为，个人觉得作为青年编辑来说还远远达不到那个层次，用“修养”一词会更确切些。我想就自身对教育图书编辑工作的认识、教育图书编辑的修养等内容简单谈谈，仅仅代表个人观点，不当之处敬请方家批评指正。

一、教育图书编辑工作特性

教育图书编辑作为编辑职业的一种，有其自身独有的工作特点和工作方式。2007 年，我毕业后即进入接力出版社工作，除了参与编辑一部字典（吴惠娟老师责编）、一本画册（胡庆嘉老师责编）等几部单本书，基本都是在教育图书板块做编辑工作，先后担任多个项目的负责人，包括地方教材、活动用书系列、中小学教学辅助读物等。因此，我想讲的更多的是教材教辅（以目录教辅为主）图书的工作特点和规律，可能与一般市场图书甚至纯粹走市场路线的教辅图书有所不同。

（一）受到政策风向和市场风潮的双重影响

出版属于具有意识形态导向特征的重要产业，受到国家相关法律法规及政策的严格监管。教育类产品，尤其是直接服务于中小学生这一特殊群体的教材教辅，与国家的教育考试及升学制度密切相关，多年来，国家教育行政主管部门针对教育和教材教辅行业出台了一系列政策和措施。例如，语文、思想政治、历史三科教材由国家统一编写，注重素质教育，减轻中小学生课业负担，以及新一轮基础教育课程改革和高考改革，价格管理，等等。这些政策和措施对教材和教辅图书的编写、出版以及市场需求都会造成一定的影响。

市场需求是不断变化的，无论是对产品内容还是对呈现方式、使用方式，读者都不断有新的要求。然而市场上教辅图书的同类品种较多，同质化较严重。这就要求我们要找准定位，突出产品特色，不断提升产品品质，使之更加契合市场需求。

（二）读者对象比较固定，以服务师生为主

目前，我们部门编辑的图书的读者对象以区内师生为主，读者对象对产品定位、作者选择、内容安排甚至定价等都有很大的影响。这也是地方出版社在地方教育方面的优势所在，因为我们对区情和学情足够了解，而且有当地优质的作者资源，拥有天然的“地利”和“人和”。

（三）工程量大，往往呈套系出版

教材教辅品种基本是以“系列”为单位，一个套系往往分为不同学段，教辅图书还会配套不同科目、不同版别，因此，一个系列的品种少则几本，

○ 广西中小学教辅材料推荐目录品种《语文新阅读》部分图书

多则十几本、几十本，甚至上百本。这就并非单个编辑所能胜任了，需要集体合作，大一点的项目基本是部门全员参与。我社实行项目负责制，一个系列就是一个项目，每个项目有一个项目负责人，负责整套书的运作。项目负责人需要有一定的统筹规划能力和组织协调能力，也需要有较强的业务能力。

（四）时间节点明显，出版时间集中

教材教辅的供货时间是一定的，教材必须课前到书，教辅也是一样。如果说教材出版的主动权基本掌握在自己手上，那么教辅的出版就相对没有那么好把握。教辅受限于所配教材的授权与出版时间等诸多因素，往往会延迟到稿，导致编校时间被压缩。而且随着国家对图书质量越来越重视，编辑面临着按时出书和质量保证的双重压力。每当这个时候，各部门、各环节都要通力配合，齐心协力地赶进度，确保图书按时出版和供货。每年教材教辅出版最集中的时候，无论是责编还是校对、美编、出版部同事，都自觉加班赶进度，跟时间赛跑，项目计划表有时会精确到每一天甚至是半天的工作安排。

（五）连续出版，不断修订改版，与时俱进

随着时代发展、政策变化、教材变动、知识更新迭代、教学需求变化等，我们的产品也需要不断进行修订改版，与时俱进，精益求精。

（六）“双效”显著

教材教辅使用人数较多，每年服务的学生数量庞大，只要在师生中树立了良好的口碑，就能产生良好的经济效益。因此，教材教辅一般都是出版社的经济支柱板块，但往往与各种奖项申报以及扶持基金无缘。最近几年，教材教辅出版也获得了一些评比机会，比如，在2019年广西出版传媒集团年度优秀图书评选中，我社“写字本”系列被评为年度优秀畅销书，还有一些教辅图书获得了装帧设计奖等。

二、教育图书编辑工作的主要内容

教育图书编辑给人的印象通常是整天埋头于书稿，案头稿件永远堆积如山。确实，这是我们工作的常态之一，不过，我们的工作远远不止这些，还包括以下几大块。

（一）多方调查，策划选题

就我社来说，教材教辅板块目前相对比较稳定，品种具有延续性，所以不会每年都提出新选题，更多的是原有品种的优化升级。近几年我们也策划了一些新的选题，如钦州地方教材、垃圾分类知识读本、高中复习用书等，不断完善产品结构。

编辑要策划选题，首先要积极解读相关政策，密切关注政府信息，了解党和政府的需求，承担起文化企业的社会责任与担当。经过几代编辑的努力，我社在地方教育出版板块有了一定的积累，先后出版了《八桂先锋》《做人与做事》《成长教育》《表达与演讲》《男孩女孩》等，以及《成长记录报告册》《学生成长记录手册》等系列图书，在业界树立了一定的口碑。我们近年又陆续策划了钦州地方教材和《南宁市垃圾分类知识读本》等服务地方教育的图书。钦州地方教材是钦州市教育局的招标项目，我社在了解到他们的招标信息后高度重视，立马成立了工作组，由社领导挂帅。我是该项目的负责人，经过精心的准备，最后我们在投标中胜出。《南宁市垃圾分类知识读本》也是南宁市教育局的一个项目。由此，我们可以结合出版社的规划和自身的兴趣、专长，长期重点关注政府机构在某一方面的出版需求，往往会有收获。

其次要深耕地方市场，积极了解市场需求，服务于市场。与名校名师、书店业务员、教研员等交流，可能会碰撞出一些新的选题。

○《南宁市垃圾分类知识读本》

最后是厚积薄发。大型项目往往是社里组来的选题，项目负责人的选择需要考虑编辑的个人能力。机会往往留给有准备的人，只有平时多做相关储备，包括提升专业知识和业务能力，这样当选题机会来临的时候，你才能接得住，才能让领导放心地把项目交给你。

（二）选择合适的作者，精准组稿

作者资源是出版社的核心资源之一。教育图书的特性决定作者的选择，即作者既要有较强的专业能力，是领域内的专家，又要了解教学实际，了解学生的使用需求，还要有较强的语言文字功底，写作风格及语言特色等要与学生的认知和接受能力相匹配。

这方面我们有过教训。在编写钦州地方教材“人文历史”板块时，我们一开始聘请当地博物馆的一位老专家为作者。老专家的专业知识非常扎实，对钦州历史如数家珍，但遗憾的是，他没有教材教辅的编写经验，没有课程设计的概念，语言风格也不符合教材的特点，写出来的样稿更像是一部地方史料汇编。后来，我们又选择了一位有丰富教材编写经验的一线教师跟这位老专家搭档，在老专家提供的资料的基础上重新构架，组织语言，最后编写出来的成果还是不错的，但作者间的磨合还是耽误了不少时间。所以作者的选择非常重要，直接影响图书最后呈现的效果以及出版效率。

（三）仔细打磨，提升图书品质

对编辑来说，打磨图书是最重要的一点，也是最能体现编辑价值的地方。有的时候，一部书稿要经过反复打磨，才能最终呈现在读者面前。以钦州地方教材为例，稿件来回处理七八次，返回作者修改三次，编辑处理多次后才真正进入校对环节，且在三个校次的基础上还增加了一个校次。单我个人处理的稿件累积起来就有一人高了。

总的来说，教育类图书主要从几个方面来把关、打磨，即政治导向、内容质量、语言文字、图片，以及组织构架、内容梯度、与教材的匹配度等。

1. 鉴审稿件是否符合预期

一部书稿到了之后，编辑首先要鉴审稿件，看看稿件是否达到组稿要求。鉴审包含鉴和审两个方面，即鉴别和审读。教育类产品有需要特别鉴审的地方，如体量是否合适，结构框架是否科学合理，各年级内容是否体现了梯度（呈螺旋式上升），重难点是否突出，语言表达是否符合出版规范，内容设计是否符合学生的身心特点和认知规律，等等。如果是教辅图书，还要看是否与最新教材匹配。

2. 把好政治导向关和内容质量关

“导向是魂，质量是命。”这是我社总编辑白冰经常告诫我们年轻编辑的一句话。总的来说，就是要做到弘扬主旋律，传播正能量，帮助学生树立正确的世界观、人生观、价值观，践行社会主义核心价值观。内容方面要做到严谨、科学、准确。因为教育类图书的读者对象大部分是中小学生，大多缺乏判断鉴别能力，相信书本是权威，所以编辑要耐心细致，逐字逐句通读稿件，保证内容要准确。鉴审稿件需要注意以下几个问题：

第一，稿件是否存在政治导向、思想倾向问题。教育类图书也经常涉及政治性问题。这类政治性问题并不是《图书质量管理规定》中提到的整体性的政治立场、思想倾向等违背主流意识形态方面的严重问题，常常是由于作者或译者在认识或意识上的模糊、技术上的疏忽、文字表述不当等造成的涉及政治性内容的差错。

最常见的是涉及港澳台的用语。经常出现的一种情况是在提到我国的台湾地区、香港特别行政区和澳门特别行政区时，将它们与我国或其他国家相提并论。有些问题则比较隐蔽，不认真审读，很容易将错误“放过”。曾经有一部中考复习用书的稿子中有这么一句话：“他（指余光中）曾用过一个十分有趣的比喻，说大陆是母亲，台湾是妻子，香港是情人，欧洲是外遇……”这句话用在这里十分不妥。首先，作为中考复习用书，它的使用对象是中学生，稿件中出现“情人”“外遇”之类的字眼，非常不合适。其次，将台湾、香港与大陆、欧洲并列在一起也不妥当。

此外，编辑还要鉴审稿件是否涉及影响民族团结及宗教信仰、封建迷信，是否存在有违公序良知、会对青少年造成不良影响和引导的内容。还要注意防止西方价值观的渗透，尤其是中英文阅读类文章，要把握导向问题。

第二，稿件中的地图、图片、图表问题。编辑要不断修炼内功，提高对地图插图的判断能力和水平，对于需要送审的地图插图，要依据相关规定及时送审，审查通过并取得相应审图号后方能正式出版。

我记得在我刚做编辑时处理的一部画册稿件里，有一幅地图将台湾省标注的颜色跟其他国家一样，幸好初审时就发现并及时改正，当时我们的合作方还特意表扬了初出茅庐的我，我深知这是我们作为编辑本来就应该做的事情，这也给初入编辑行业的我上了印象深刻的一课，使得我在后来的审稿、编稿过程中更加小心翼翼，尽力排除稿件中存在的各种各样的“雷”。

对于青少年读物来说，插图是图书内容中很重要的组成部分，有时甚至占到很大的篇幅。如《认识钦州　热爱钦州》系列图书共3本，3～4年级版的图文比例为7∶3，5～6年级版的比例为5∶5，7～8年级版的比例为3∶7。我们做了细致的图片收集工作：向钦州各相关部门征集图片几十幅，向本地摄影爱好者征集图片约60幅，请插画作者为相关文字绘制插图几十幅，编辑与专业摄影人员赴钦州补充拍摄几十幅。

在图片、图表方面，编辑需要注意图片的规范化以及和文字的契合度。

一是看图片是否涉及版权问题、图片是否清晰，以及图片位置安排是否合理，等等。二是检查图片、图表是否规范，是否存在意识形态、常识、语言文字、对应关系等方面的错误。

我们看稿件的时候也不能忽略对图片内容的审查。例如，我们曾在一本假期作业的稿件中发现有不少图片需要我们“较劲”。有个美术作者在画螃蟹的时候经常画的是六条细腿和两只大钳子，而且在荀子的《劝学》中也有“蟹六跪而二螯，非蛇鳝之穴无可寄托者，用心躁也”的说法。可《现代汉语词典》中对螃蟹的解释是“足有五对，前面一对长成钳状，叫螯”。所以螃蟹到底是有八只脚还是十只脚呢？我们通过观察螃蟹以及查阅资料后确定，螃蟹实际上是有五对足，也就是十只脚。至于《劝学》中说到的“六跪而二螯”，有的说是当时作者的讹误，也有的说是当时的螃蟹或许就是八只脚，后来慢慢进化成十只脚。

第三，知识性、科学性差错。这类错误经常出现而且不易发现。例如，某部稿件中有一幅图给出的信息是某学生 1500 米跑用时不到 100 秒。据查，当年 1500 米跑的世界纪录是 206 秒，显然数据有误。

第四，移花接木，生搬硬套。所谓移花接木，就是将本在甲地发生的事说成是在乙地发生的，本是甲说的话说成是乙说的话。例如，某部稿件中曾出现：“《西游记》中，猪八戒虽好色、贪吃、懒惰，但也能吃苦，如在平顶山莲花洞时，丈人称他‘倒也勤劳，耕田耙地……’”这里的“平顶山莲花洞”应为“高老庄”，猪八戒是在高老庄娶亲的。又如“‘世界上并不是缺少美，而是缺少发现美的眼睛。’罗素说”，这里的“罗素”应为“罗丹”。

第五，信息陈旧，不合时宜。随着时代的发展，某些数据会过时，如行政区划、珠峰高度、人口数据等。这些要根据最新的权威资料进行改正，务必保证数据的准确性和有效性。同时，还有一些名称的改变，如国名、地名、国家机构名称等，这些我们也都要根据最新的权威资料一一改正。但也不能简单地“一刀切”，要注意文章的写作时间，不能犯数据提前的毛病。

第六，其他差错。如引文有误、数量表达有误、答案错误等差错可以说比比皆是。这些都是基本功，需要编辑长期培养。但有一点：看稿时要怀着找错、找“茬”的心态，精神集中，不能以看小说、欣赏文章的心态看稿。平时多积累，久而久之就能变得敏锐，遇到同类问题能立马条件反射。

（四）打磨封面及内文版式，以达到最佳效果

1. 封面打磨

青少年读物的封面既要美观，也要规范，还要与主题内容相呼应、相匹配，符合学生身心成长的特征。

我社钦州地方教材的封面就充分体现了地方特色、符合学生年龄特点。三册封面底图的主要背景用的都是具有海滨城市特色的翻腾的海浪，同时选用具有钦州特色的几大主要元素，即荔枝、中华白海豚、坭兴陶和抗法名将冯子材。为了与学生的认知程度相匹配，除在内容上有侧重外，我们在封面上也做了一些调整，如 3 ～ 4 年级的封面将中华白海豚作为主图，5 ～ 6 年级的封面将荔枝作为主图，7 ～ 8 年级的封面将冯子材作为主图，这样就形成了从动物到植物再到人物的逻辑顺序，各册封面既有变化，又符合各年龄段学生的认知规律，更具合理性。这个调整是我社副总编辑胡庆嘉终审封面时提出的，给我们青年编辑上了生动的一课。

2. 内文版式设计

版式活泼是我社作为少儿社的一大优势，我社拥有经验丰富的美术编辑和一批优质插图作者。

我们的教育产品根据内容、学生年龄段的不同而选择相应的呈现形式，

○《认识钦州 热爱钦州》3～4 年级版、5～6 年级版、7～8 年级版封面

并且随着修订再版不断优化，以更适合师生的使用需求。如“写字本”系列主要运用主栏加辅栏的设计，主栏以练习字词句为主，辅栏设计一些与本课内容联系紧密的小栏目，如生字详解、近义词、反义词、小谜语等。在最新修订的版本中，我们还加入了中华优秀传统文化方面的介绍，如汉字起源、书法知识等。这样既丰富了内容，也活泼了版式，受到使用者的欢迎。

（五）做好融合出版，积极提供增值服务

教材出版之后，我们会聘请知名专家对教师进行相应的培训，为教师提供教学便利。此外，我们还制作了配套的电子教材、配套教学课件、点读笔、听力 CD 及音频、短视频课等，不断提高产品的附加值，以满足教师和学生的多样化需求。

○《义务教育教科书：英语》

○《义务教育教科书：英语》配套资源

（六）多渠道收集市场信息，满足一线师生需求

我们会定期组织调研，与一线师生及教研员面对面交流，就产品质量及使用情况认真听取意见和建议；我们会走向课堂，了解教学模式和教学实际需求；我们会走进印刷厂，调研图书印装情况，了解印装新设备、新技术等；我们会针对特定产品开展问卷调查，与发行人员沟通交流市场情况。

（七）做好宣传推广工作

图书的宣传推广需要做好以下三个方面的工作：

第一，配合发行部门做好宣传推广工作。如制定宣传文案和宣传征订单、指导师生使用产品等。

第二，邀请专家对师生进行诵读、写作指导类活动，举办学生征文比赛、演讲比赛、朗诵评比等活动。

第三，积极承担文化企业的社会责任，提供公益服务。如捐赠图书、捐资助学等，形成教育系统促进教辅出版、教辅出版反哺教育系统的新模式。

三、保障图书质量所做的尝试和努力

随着国家对出版质量越来越重视，连续多年开展质量管理专项活动，出版社面临的质量压力越来越大。每年无论是自治区党委宣传部还是自治区新闻出版局的质量抽查，幼儿读物和教辅板块都是必查的。因此，编辑们经常是战战兢兢，如履薄冰，不敢放松警惕。我社和我们部门在保障图书质量方面也做了一些尝试和努力。

（一）坚持专业出版方向

黄俭社长给我社编辑开会的时候经常说，我们要走专业化的出版路子，要有所为有所不为。的确，对于从未涉足过的板块，无论是作者资源还是市场推广都不具有优势，而且编辑对自己不擅长领域内的图书内容也难以把控到位，会存在一定的质量隐患。我社坚持专业出版方向，即青少年读物的出版，具体到我们部门则是中小学生教育读物。有时一套书的读者年龄跨度很大，如《南宁市垃圾分类知识读本》有幼儿版、小学版、中学版，但是幼儿的特点与中小学生不同，为了更好地保证出版质量，我们便邀请在第一编辑部负责幼儿课程资源项目的王明雷老师（现任接力出版社副总编辑）担任幼儿版的责编，让专业的人做专业的事。

（二）严格执行出版管理制度

我社严格执行出版管理制度。一是选题三级两次论证制度，从源头上对选题进行严格把关。二是重大选题备案制度。三是三审三校制度，不同的人分别担任三审、三校工作，终审要通读全稿；教材类还要再增加一两个校次；一些特殊题材的稿子，如教材和地方教材类，或涉及党史、军史之类的稿件，需聘请专家把关内容。四是项目管理制度和流程管理制度，每个项目均设项目负责人，项目负责人对该项目的方方面面负责，每一个项目从选题申报到最后付印、发行都有严格的流程管理。

（三）组织各种形式的培训学习

除每年组织全体编校审人员参加线上线下各类业务培训，社里还积极提供配套服务，如及时传达各类标准文件要求、为编校审人员配备各类工具书和参考资料等。编辑案头常用的各类标准和规范以及业务学习资料有十几本，还不包括各个编辑部都配备的各类工具书，以此让编辑熟练掌握编辑出版规范和语言文字规范。

（四）严格执行编辑资质管理

三审及校对人员需具备相应资质，即未取得出版中级资格的人员不得担任责编、责校，未取得副高及以上职称者不得担任复审、终审。各个科目均配备相应的编校人员。项目负责人、责编与助理编辑搭配分工，成立互助组，以老带新，共同进步。

（五）定期开展图书自查及交叉检查

我社定期开展社级、部门级、项目级等不同级别的图书检查，有编辑自查、编辑之间互相检查、校审人员帮忙检查等不同形式，这样有助于避开个人的知识盲区，达到更好的检查和监督效果。

（六）定期总结编校、印刷等各环节存在的问题并及时解决

我社还定期组织编辑、校审、出版等部门开展自查总结，总结本印季或本年度存在的编校、印刷等方面的问题及解决方案，并引以为戒，共同提高出版物的质量。形式有各自检查总结、集中讨论等。

四、教育图书编辑的修养

（一）葆有好奇心，敢于尝试突破，接受新任务的挑战

好奇心是促进我们不断探索、不断进取的动力。编辑要保持好奇心，勇于尝试，不囿于自己熟悉的领域，不拒绝涉足其他领域和新的出版形式，不断进行自我成长和突破。

（二）持之以恒的学习能力

编辑需要学习的内容有很多，这里主要指教育图书编辑需要特别学习的内容，包括两个方面：学什么、怎么学。除了学习国家的政策方针，熟悉出版法律法规，教育图书编辑还要了解教育政策及教学实际，走向课堂，走向师生，倾听一线意见，了解一线需求，关注教学改革，吃透课标精神，熟悉教材，等等。

教育图书编辑除了向书本学习，还可以向编辑前辈、行业大咖学习，也可以通过参加各种专家培训、关注一些行业相关微信公众号、加入行业微信群等方式进行学习。他山之石可以攻玉，学习前辈们的工作经验可以使我们更快地进步和成长。

（三）既要当杂家，也要当“专”家

编辑需要广泛涉猎各方面的内容，拥有较广博的知识。这样才能拥有鉴别选题和把控综合性较强的稿件的能力。同时，编辑还要专注于某一领域持续发力，努力成为该领域的行家里手，这样才能有与作者平等对话的资本，才能使作者信服。

（四）拥有较全面的业务能力

总的来说，编辑的业务能力就是“来稿能编，提笔能写，张口能讲”，具体包括三个方面。

一是鉴审稿件的能力。这是最基本的编辑功夫。

二是扎实的语言文字功底以及较强的写作能力。这里的写作是指与编辑工作关系密切的业务资料，包括选题策划方案、审稿意见、各类文案、退修信，甚至投标文件、送审送评报告等的写作。

这些并非一朝一夕之功，需要持续不断地积累和锻炼。我的看法是勤思考、勤动笔、勤总结。我喜欢随手记录一些与工作有关的内容，如项目的进展情况、工作安排、工作中发现的问题等，好记性不如烂笔头，久而久之会有所收获。

三是良好的沟通协调能力。无论是项目内的协调、分工和合作，或是跟各部门的沟通配合，又或是对外跟作者、合作方的联络等，都需要具备一定的沟通协调能力。

（五）良好的身体素质和乐观的心态

首先要积极锻炼身体，拥有健康的体魄。编辑做久了，各种毛病也会找上门，如颈椎病、腰椎病、“鼠标手”……没有一个健康的身体，真的很难坚持工作。我社很重视员工的身体健康，在每个工作日的工作间歇，号召全体员工做广播体操，还为员工提供篮球、气排球、羽毛球等锻炼场地等。

其次要保持心态平和，葆有热情。都说编辑是无名英雄，教育类编辑尤甚。教育类编辑不像做市场类、主题出版类图书的编辑同人那样，有很多获得各大奖项的机会，但是术业有专攻，干一行爱一行，如果能够在自己从事的领域做到让读者满意、放心，为社里带来良好的效益，做到“双效”兼顾，就是实现了编辑的价值。

作家刘震云曾在一次演讲上提到，这个民族最不缺的就是聪明人，最缺的就是笨人。我理解他所说的“笨”是指踏踏实实做事，不急功近利。愿我们都能保持初心，做个出版领域的“笨人”，踏踏实实做书，为读者奉献更多的优秀产品。

（本文作者系接力出版社第二编辑部副主任）

积跬步以至千里：在字词和项目中有所得

孙华明

一、缘起：对书籍的渴望

很长一段时间，我在乡村只知上学，不知读书，更不知课本之外还有万紫千红。等上高中进了县城，第一次看到《萌芽》《文化苦旅》《天蓝色的彼岸》便被惊到了：文章还能这样写，这样有趣。于是在学业之余，我开始接触唐诗宋词、青春文学、西方文学经典等。因为匮乏，所以渴望，由此我对书产生了一种别样的感情。借用本雅明的话说，非机械复制时代的书自带“灵韵”。冥冥之中，我对文字投以敬畏和深情，也在心中埋下了后来从事出版的种子。本硕选择了中文系，我在阅读时喜欢穷其根本，常由一个话题、一个作者延伸至其他，买不到的书就费尽心思地寻找电子版。彼时购书网站和数据库等平台兴起，为我打开了一片广阔的新天地，也锻炼了我挑书、买书、卖书以及查找文献的能力。

毕业时，我偶然看到广西师范大学出版社在招聘，想到之前多次读过这家出版社的书，便去应聘了，再后来又来到了广西教育出版社。

二、入门：掌握一门编辑加工的技艺

未入行时，我觉得出版社作为学术与人文理想的传播圣地，是个宁静闲适的天堂，只用看看书、审审稿，愉悦且轻松。入行后，我才发现这个“天堂”比想象中要复杂得多。有时候，编辑是一个文字工匠，咬文嚼字，在万分之一的差错率和作者的风格之间举棋不定；有时候，编辑是一个创客，选题上绞尽脑汁，宣传文案上殚精竭虑；有时候，编辑又是一个学生，每天都在学习新知识。

入行不久，我就独自进行了两本书的编辑加工，然而得到的结果却是“暴击”。第一本书是讲区内青年创业人才的案例，涉及竹鼠、岩茶、珍珠之类的特色种养殖行业。稿件并不难，然而书出来以后，自己就发现有错别字，图注也没有处理好。另外一本是图文书，内容为我国民间藏书名家韦力同中国嘉德国际拍卖有限公司古籍善本部总经理拓晓堂的对谈，涉及大量人名、地名和古籍知识。再加上书稿源自回忆和对谈，里面有一些不确切的内容和同音字错误。虽经努力查证，这本书上仍然留下了一些遗憾，很快就有读者在网上指出几处错误。

我这才发觉，做一个合格编辑的不容易首先在于“文字关”难过。一是没有从大众阅读转换为专业的编校阅读，看稿泛泛而过，不求甚解，不加质疑，没有以猎错、改错为旨归。二是对出版法律法规、行业标准、规范掌握不清楚。三是对作者盲从，不敢改。有些作者虽然已是名家、大家，给我们编辑的作品也是名作，甚至已经获过大奖，可我们一旦掉以轻心，在看稿子的过程中就会选择性地忽略很多问题。时过境迁，稿件的内容也常常会出现新的问题。比如，在一本经典著作中，作者写到“民族区域自治的范围，根据实际情况确定为乡镇、县、州、区四级”，这显然不符合我国现行法律的相关规定，再版时应该改为“区、州、县三级”。

对于每一个新编辑来说，掌握好一门编辑加工的技艺是至关重要的。这是编辑工作的基础，正如我国著名的编辑学家陈原所说：“每一个合格的编辑，都应当是一个语言艺术家；如果一时驾驭不住语言文字，他就应当努力去学会驾驭这基础的工具，然后努力成为一个能把语言文字运用自如的巨匠。”有了几本书的教训后，我勤学苦练，开始了对编辑加工技艺的探索。

就“技”来说，首先，编辑要熟练掌握出版物语言文字标准和规范。在今天，即便是一个成熟的编辑，如果不能温故而知新，很多编校细节就难以掌握清楚。比如一段时间不做少儿读物，就会对拼音的规则不清楚；一段时间不做学术著作，就会对参考文献著录规则难以把握。编到老，学到老，编辑需要在工作中不断发现弱点，在学习中提升自己。

其次，编辑要建立自己宏观和微观相结合的看稿模式。编辑要有整体阅读的能力，能对稿件的篇章结构、思想内容等做出整体性评价，甚至向作者提出中肯的写作建议；要有切割阅读的能力，在“同”中猎“异”，在细节中发现“硬伤”。看稿得一字一句，眼球的匀速运动要和大脑反应的速度相匹配。编辑不仅要看到句子、短语、词、字，还要能关注和分辨每一个字的每一个构成部件。对句子进行结构划分，有利于我们发现搭配不当、逻辑错误等语法错误。例如，“这部稿子，断断续续地写了四年，一个原因是因为我这几年身体一直不大好”。在我们对句子进行结构划分后，就能明显看出该句子中的“原因是因为”存在杂糅。对汉字进行结构划分，有助于我们避免使用错别字。形似致错、音同致错、义近致错是出版物中文字使用出错的三个主要原因。某些形似字，大部分部件都是一样的，往往不经意间忽略的一小部分构件，就能造成“硬伤”。如“天下英雄入吾穀（应改为‘彀’）中矣”“举国哔（应改为‘哗’）然”。

就“艺”来说，编辑得考虑每一种文体的习惯，量体裁衣，依据稿件的语体风格进行适度加工。如教材教辅和科技类图书注重知识性、逻辑性，语言应当准确、规范、精练；文学作品、口述历史作品讲究语言的生动活泼，用词、语法标准可适当放宽些。一个乡土小说里农民说的话，和新闻、口述史、散文、学术著作的语言显然是不同的。在一次处理校样的过程中，我发现校对把稿件中所有的“村长”都改成了“村主任”，“亩”都换算成了“平方米”。的确，根据新华社发布的《新华社新闻报道中的禁用词（第一批）》规定：“‘村民委员会主任’简称‘村主任’，不得称‘村长’。”但该书稿是一部描写20世纪80年代中国乡村的小说，乡里乡亲还是称“村主任”为“村长”，也不会用平方米来计量田地面积。考虑到该书稿的时代特色，我最终还是选择保留了“村长”和“亩”。著名作家孙犁的代表作《荷花淀》在描述留守在家的妻子们思念在外打仗的丈夫们时，有这样一句：“女人们到底有些藕断丝连。”稿子到了出版社，责编认为不妥，改成了另一个成语“牵肠挂肚”。孙犁看后非常不满，强调“藕断丝连”是美的，“牵肠挂肚”又是肠又是肚，不美！如果单从“藕断丝连”的字面意思——“表面上断了关系，实际上仍有牵连”来考虑，用在这里确实不妥，但作者写的是荷花淀，把荷花淀的藕和妻子们的心理活动联结在一起，巧妙地运用了文学修辞。在加工文学作品时，编辑应当适当放宽尺度。如文学作品中存在大量主语承前省略的现象。在鲁迅的《孔乙己》中有一句话：“所以过了几天，掌柜又说我干不了这事。幸亏荐头的情面大，辞退不得，便改为专管温酒的一种无聊职务了。”我们把省略的主语补出来，该句变成：“所以过了几天，掌柜又说我干不了这事。幸亏荐头的情面大，（掌柜）辞退不得，（我）便改为专管温酒的一种无聊职务了。”如此改动，语法上虽然绝对正确，但也丧失了文学的韵味。

转益多师是吾师。编辑应该多阅读一些不同品类的经典著作，以感受不

○ 本文作者书架上的部分工具书

同作品的风格。此外，有机会的话，也应当多参与一些不同品类书稿的编辑工作，博观方能约取。参加工作以来，我是幸运的，先后经历了广西师范大学出版社学术编辑室、法政编辑室，自治区新闻出版广电局，广西教育出版社阅读编辑部、综合编辑部、北京分公司，编过人文社科、口述史、幼儿绘本、青少年人文阅读、科普读物、教材教辅、主题出版、原创文学等图书，增长了我编稿的见识。

编辑是需要不断学习的，而考试无疑可以督促学习，各种编校考试可以让青年编辑“逼一逼”自己，在短时间内获得较大的突破。参加工作以来，我有幸参加了第六届、第七届韬奋杯全国出版社青年编校大赛，获得了优秀奖。

回头来看，一是得益于我平时注重对文字追根溯源的习惯。我在读书期间打下了熟练运用古代汉语、现代汉语的基础，工作以后更加注重汉字形义辨别、句子成分划分等语言知识的学习，常常阅读工具书，如《细说汉字——1000个汉字的起源与演变》（左民安）、《汉字王国的奥妙——常见易错易混字详说细解（插图本）》（马玉茹）、《常用字词辨误手册》（李行健）、《常见别字辨析手册》（楚山孤）、《词误百析》（杨林成）等。掌握传统汉字理论“六书”以及常见部件的意义，有利于我们在更深层面上辨别错别字。如“骛”“鹜”都是形声字。“骛”，从马，指马的奔驰，故有追求的意思，如“心无旁骛”“精骛八极”；“鹜”，从鸟，是指野鸭，喜成群结队，如“趋之若鹜”。编辑在看到“好高骛远”这个词时，当视线切割到“骛”，就应当把注意力放到下面的部件“鸟”，从部件“鸟”的意义联想到字义，并迅速反应过来，部件有“马”的“骛”才是正确的。再如常用词“勠力同心”容易被误写作“戮力同心”，究其原因也是没弄清部件“力”与“戈”的区别。在古代典籍中虽然有“戮”和“勠” 通用的情况，1955 年《第一批异体字整理表》也将“勠” 作为“戮”的异体字，但 2013 年发布的《通用规范汉字表》恢复“勠”为规范用字。“勠”为“并，合”之意，“戮”为“杀”，理解了两字的意思，就不会再写错了。

二是我注意到编辑和校对两个工种的差异。第一次参加编校大赛，我对校对题附原稿的形式一头雾水，对编辑、校对工作的修改要求有什么不一样也不甚了解。后来，经过黄金武老师的点拨，我才明白自己的问题：我没有经过出版初级知识的学习，也没有经过系统的校对学习，一开始的工作就是编校合一，基础还是有缺失的。我想，这也是参加比赛的意义，让我有机会能跟一些专家学习，能看到自己身上的一些不足。这也让我明白，对编辑新人的培养，还是要从校对开始。在校对前辈的经验传授中，新人可以迅速地掌握看稿纠错的种种方法，以及需要注意的地方。若一上来就让他们做文稿编辑，完全靠自悟，有些人悟得了，有些人也许永远也没摸透。

三、进阶：初级策划

实事求是地说，由于自身的学术背景、性格气质等因素的影响，不是每个编辑都能立马成为策划编辑，但是编辑的工作又要求我们时刻要有想法。机会是留给有准备的人，这句话用在编辑身上再合适不过了。我们新编辑接触的选题往往并不是无中生有或完全由自己主导的，而是领导已经确定好的意向项目，但在这些项目上我们同样可以大有作为，这也是前期练兵的重要素材。对一个个意向项目点点滴滴的想法和实施，我称之为初级策划。和打仗一样，指挥（领导）告诉我们前方有个选题任务，你去攻克下来。至于你走哪条路，是开车、坐船，还是飞行，这些是要你具体去做的选题。

近两年主题出版在出版行业中的地位越来越重要，也是各家出版社重点发力的方向。作为一家教育出版社，我们也想在这方面做些事情。一方面我们从广西地域特色中做些小切口，以小见大；另一方面就是做些与教育类主题相关的选题。

（一）以图寻文：《我在乌英苗寨这三年》

2019 年底，石社长在北京拜访新华社的过程中，听说广西有一名摄影记者黄孝邦，在广西和贵州交界一个叫乌英苗寨的地方蹲点式采访已有三年，拍了很多有关当地民众生活日常和脱贫致富的感人照片，并且已经在全国各大媒体发表了几百张。石社长一听，觉得这是个很好的主题出版选题，既有广西民族特色，又符合 2020 年是脱贫攻坚决胜之年的主题。2020 年 3 月，我们约黄老师来社里。黄老师带来了之前融水苗族自治县制作的关于乌英苗寨脱贫攻坚的画册。大家觉得这些图片已经非常震撼，但是要做出特色，就不能只是简单出个画册。我们建议黄老师以第一人称的口吻把这些照片拍摄的缘起、震撼的瞬间等故事叙述出来，那才是读者感兴趣的，也非常切合当下的热点——非虚构写作。比如，其中有一组照片收录了苗寨人民各种场景下的手。作者讲述道：

我在大雨中拍摄，相机、衣服被水淋湿，刺骨的寒风吹着双手。一位老

○ 编辑团队在乌英苗寨采访

人突然出现在我的身后，用手轻拍我的肩膀，热情地招呼我到屋里烤火。

我随老人进入木楼，一群老人正围坐在火塘边一边聊天一边喝米酒。坐定下来，一位老人突然抓住我的手又是摸又是焐。老人用苗语似乎在说：“年轻人，外面好冷，你看你的手好冰……”在感受到老人突如其来的粗糙的大手时，我环顾火塘，昏暗的木屋里，十几双饱经风霜的手在红色的火光映照下格外震撼。我心里顿时出现一个想法：“这些手不就是脱贫攻坚最关键的力量吗？”

我们迫切希望作者能把类似的故事写出来。为此，我翻阅了作者的几十组照片，为作者提供了一个写作框架建议，如不变的是民族文化传承、人情温暖、青山绿水，变的是脱贫攻坚中自力（勤劳致富的双手、娘子军）和他力（跨省区联合党支部、澳门支教）给苗寨带来的巨变。作者同意了，然而

○ 《我在乌英苗寨这三年》

○ 到印刷厂查看《我在乌英苗寨这三年》的印制情况

眼看 6 月了，仍然等不来作者的文字稿。作者说他每天上山下乡，累得很，实在没有时间来创作。我就跟社长汇报：“能不能请个作家，下去和作者一起创作。”结果问了一圈，也没有找到合适的人选。社长说：“那我们先自己去看看吧，做好你自己上的准备。”

端午节时，我们就出发了，车子不断在山间盘桓。我们大概开了 10 个小时的车，在晚上 8 点多到达乌英苗寨。第二天，我们就开始对每家每户进行访谈，了解苗寨的历史和每家每户的故事，挖掘照片背后的故事。回来后，我又对澳门支教、广西医科大学毕业的乡村医生进行了电话采访，挖掘出一些感人的故事。我把这些故事整理出来交给作者审核，又唤起了作者内心温存的记忆，作者又补充了一些文字。绞尽脑汁，稿件算是顺利完成了。我们加班加点地编校、排版、设计，终于，《我在乌英苗寨这三年》出版了，反响还不错。我们在广西美术出版社美术馆举办了摄影展，《中国新闻出版广电报》也发了头条报道《跨省区苗寨故事致敬伟大时代》。很快，这本书实现了英文版、土耳其文版和阿拉伯文版三个版本的版权输出，向世界分享了中国的脱贫经验。中阿文化知名学者雅西提到："减贫脱贫的话题是发展中国家最关注的话题之一。阿拉伯国家及地区农村的发展期望得到中国的宝贵经验，因此，我和出版团队用心地翻译、出版了这本好书的阿拉伯文版。我们希望通过我们的努力，可以让阿拉伯国家民众了解一个全面、真实、立体的中国。因此，在翻译过程中，我对许多具有中国特色的事物和表达都专门做了注释。我希望这本书的出版能够给关心乡村发展问题的人一些践行责任的思路。"

就我个人来说，做这本书让我收获了很多。这是我第一次参与一本书从无到有的全过程，也是我第一次进行采访和创作。从未想过，我会深入一个大山中的苗寨感受民俗风情，寻找故事，近距离了解广西的少数民族文化。

（二）以文寻图：《中国共产党百年教育图史》

2021 年是中国共产党成立 100 周年。我们策划了《中国共产党百年教育图史》，作者是华中师范大学著名教育史研究专家周洪宇教授。作者工作虽然繁忙，但很快就安排学术团队给我们交来了扎实可靠的书稿。在编辑审读、专家审读后，我们又前往武汉，和作者团队进行了一次面对面的改稿。最主要的建议就是充实前言和导论，增加理论性的描述，提纲挈领地总括不同历史时期党领导教育的主要活动、政策、理论贡献和经验。作者专业务实的学术能力、高屋建瓴的理论视野、团结协作的团队力量都给我们留下了深刻的印象。文字的问题解决了，最难的是这是一本图史，需要大量的图片配合文字的表述。作者团队提供了一些图片，我们看了以后觉得会议的照片过多，应该多补充一些平民视角的生动照片，如不同的政策在各地是如何落实的。这也是我从业以来做的第一本履行重大选题备案的图书。主管部门也提出一些图片上的建议，如不同时期、不同地域、不同民族的图片均衡问题。这些都让我受益匪浅。

图文类图书的配图也是一个容易出错的地方。有一些童话书是插画师根据文字绘制插图，但明明文字说的是黑猫，插画师画的却是白猫；明明文字说蟋蟀在牛背上，画的却是蟋蟀在空中。还有一些历史书是由设计公司进行整体装帧设计，设计师选的图可能和文字关联不大，甚至是错误的。我们曾在《中国读本》书稿中，发现文字说的是中国的京剧，设计师配的图却是梅兰芳唱昆曲的剧照。设计师还配了一幅图注为青海湖的跨页图，但这“碧玉”似的湖实为羊卓雍湖，青海湖要更为壮观，我们赶紧换上正确的青海湖图片。

（三）选题的延续：《美丽山花》、澳门青年在内地

做了《我在乌英苗寨这三年》这本书后，我对广西的脱贫攻坚情况有了一些认识，想在这个选题上再做些延伸。我们最先想到的是作者的另一组照片《复苏的空巢村》，我们觉得这个话题非常好，在当前乡村振兴的背景下，昔日“空巢”如今逐渐复苏，但是我们在这方面的作者资源并不多。于是，我就开始在网上找，刚好看到广西申报第十二届全国少数民族文学创作“骏马奖”的名单，彼时评奖结果还没出来，我们找到了红日老师。最后，红日老师答应了我们，并表示要去这个村子看看，有灵感和素材才好写。我和红日老

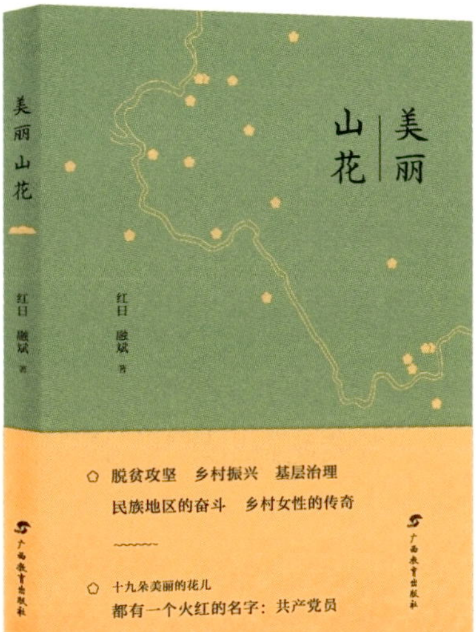

○《美丽山花》

师去看了之后认为这些素材不太适合出书，主要是因为当地的旅游季节性太强，村子里的人也偏少。幸好红日老师有丰富的基层工作经验，很快又带我去大化瑶族自治县开展座谈，并确定写作主题为女性共产党员和基层党组织在脱贫攻坚中的作用。这就是后来的《美丽山花》。在出书过程中，我们收到了一个好消息：红日老师的《驻村笔记》获得了“骏马奖”。

此外，在乌英苗寨的故事中，澳门青年来支教的故事是非常令人感动的。在和澳门青年梁楚君的对谈中，我们感受到了澳门青年身上别样的力量和家国情怀，澳门特区政府每年都会开展各种各样的项目支持澳门青年来内地参观、访学、支教。我们觉得这是个不错的选题，在国家大力推进粤港澳大湾区建设的背景下，港澳青年必然要和祖国的发展融为一体。我们希望根据这个选题做出一本书，能展现澳门青年榜样的力量。

四、结语

从业以来，我时常感觉自己是幸运的。我进入了广西出版这样一个众星闪耀的平台，感受到广西出版人自有的精神和品格。在诸位领导和业界前辈们的提携和帮助下，我能大胆探索，并在业务上有了些许提升。通过做书，我对世道与人心有了更加深刻的认识，更加热爱我的祖国，也认识了一群可亲可敬的作者，让我和同事们在烦琐的工作中升华了友谊。“书比人长寿”，我梦想着我能做出好书，让读者愿意将书长存于他们的书架或枕边。

（本文作者系广西教育出版社北京分公司副主任）

做一本有态度的刊物

刘　芳

《小聪仔》期刊是无数孩子童年的伙伴，陪伴过无数孩子的成长。早些年的“蔬果手工创意大赛”在各个幼儿园举办得如火如荼，掀起了一股到菜市场买“歪瓜裂枣”的风潮；“《小聪仔》幼儿讲故事大赛”依然还在每年举办着，孩子们一直把故事讲到了今天。当年的小聪仔玩偶身穿红 T 恤，有着大眼睛，今天的他已经换上了牛仔背带裤，戴上了小聪仔徽章，不变的是他独特的香蕉皮发型……

2021 年是《小聪仔》期刊 20 岁的生日。这 20 多年，蕴藏的是小读者们的快乐和成长，是编辑人员的用心和努力，是刊物的与时俱进、不断前行。那么，《小聪仔》的编辑团队是用怎样的态度在做刊物，做的又是什么态度的刊物呢？

《小聪仔》期刊是由全国优秀出版社——接力出版社出版发行的全国优秀少儿期刊，连续 8 次被国家新闻出版署评为“全国优秀少儿报刊”，获国家期刊奖“百种重点期刊”、教育部推荐“全国优秀幼儿读物”、全国连环画“金环奖”。其中，《我爱大自然》科普电子书荣获第四届中国出版政府奖音像电子网络出版物奖、第五届中华优秀出版物奖。《小聪仔》期刊始终坚持质量第一、社会效益优先的办刊原则，尊重儿童主体性，关心儿童发展多方面、多层次的需要，促进儿童自由全面发展，激发儿童独立精神，充满人文关怀。紧跟各种政策要求，《小聪仔》先后创办了幼儿版、婴儿版和科

《小聪仔》幼儿版

《小聪仔》婴儿版

《小聪仔》科普版

○ 《小聪仔》三个版本的部分封面

普版三个版本，从健康、语言、社会、科学、艺术五大领域，与时俱进地设置了符合不同年龄层孩子学习与发展的精品栏目。

一、《小聪仔》科普版

因为我目前主要负责《小聪仔》科普版的编辑工作，所以我就以《小聪仔》科普版为例来展开谈谈。《小聪仔》科普版于 2008 年创刊，至今已经出版了近 200 个选题，在专家、读者中有着良好的口碑。

《小聪仔》科普版整体来说是在用做书的方式做刊，具体表现在内容策划、编辑设计、新媒体融合、市场营销等多个方面。无论是期刊还是图书，都需要有准确的内容定位、读者对象、版本特色以及周边延伸、创新，《小聪仔》科普版也不例外。

○ 《小聪仔》科普版的部分封面

1. 内容定位

《小聪仔》科普版主要是介绍动植物或孩子身边有趣的科学知识，涉及自然科学、社会科学、思维科学等领域。

2. 读者对象及阅读方式

读者对象为 2 ～ 8 岁的孩子。不同年龄层的孩子有不同的阅读方式：

2 ～ 4 岁：认知启蒙，感知自然的色彩，学会热爱大自然；

4 ～ 6 岁：亲子共读，了解科普知识，探索自然的秘密；

6 ～ 8 岁：独立阅读，自主探究，挖掘作文素材。

3. 版本特色

《小聪仔》科普版通过真实高清的摄影图片、活泼有趣的语言、准确的科学知识，激发孩子对科学的探究欲，引导孩子欣赏生命、热爱生活。

目前，在同类期刊里，虽然也有以真实图片展现自然生命的科普栏目，但篇幅较小，只作为期刊中的一个子栏目，除此之外还有其他主题的栏目。

与其相比，《小聪仔》科普版只对一个主题讲专讲透。

在幼儿科普图书中，虽然也有以真实图片完整呈现一个科普主题的形式，但是它们基本是引进版权的图书，且主题数量基本固定。与这类图书相比，《小聪仔》科普版的特色在于原创，以此强调文化自信。目前，《小聪仔》科普版还在持续出版，每月一个主题，会继续提供更多受读者、市场欢迎的内容。

4. 策划、编辑过程

（1）确定选题

通常，编辑会选择一些内容有趣、有特点和图片丰富的选题；也会通过读者调研，看看孩子们喜欢什么选题；还会注重选择一些有特别价值的选题，如广西特有的珍稀动物白头叶猴、中华优秀传统文化京剧等。

（2）深究知识

要给读者一勺水，自己就要有一桶水。编辑自己必须事先通过查阅各种资料、跟专家沟通，把主题知识了解透彻。有些选题需要提前一年甚至一年以上开始准备。为了更清楚、详细、直观地了解所做的选题，编辑在有条件的情况下会亲自种植、观察和记录。在了解自然科学知识的过程中，编辑经常会感叹大自然的神奇，也常会为一些难啃的知识抓耳挠腮。

（3）确定作者和专家

术业有专攻。刊物要有童趣性、文学性、精彩性、科学性，这就意味着需要不同领域的作者：撰文的是著名幼儿文学作家，提供图片、插画的是国内专业摄影师、插画师，全程还需要科普专家指导、审核、把关。

在约稿方面，每个文字作者的风格不一样，有些作者适合写知识性强的稿件，有些作者适合写温馨的童话，有些作者适合写抒情的散文，编辑需要根据需求去约合适的作者写稿子。如果不能有的放矢地约稿，回稿后即便编辑再怎么修改，也很难达到良好的效果。

《小聪仔》科普版的真实高清图片是一大特色，这就对摄影作者提出了很高的要求。给《小聪仔》提供图片的很多摄影作者都是在其领域内非常专业、有建树的老师，长期跟拍某一种或几种动植物以及其他大自然现象，其中包括昆虫生态摄影师唐志远老师，他是中国国家地理杂志社《博物》杂志摄影师、生态摄影网站“绿镜头”创办人、美国 Discovery 频道的纪录片《昆虫摄影师》中的主角人物，曾被媒体评为“中国十大地理摄影师”及“中国最具影响力的自然地理摄影师”；星空摄影师、天文爱好者、暗夜保护工作者戴建峰老师，他拍摄星空十余年，其作品在国内外多次获奖，多次发表在《自然》《国家地理》《美国国家科学院院刊》等杂志上。

《小聪仔》科普版既然是科普刊物，就必须要保证科学知识的严谨性和准确性，因此每期刊物都必须请研究相关主题的专家对内容进行指导和把关。每期一位专家，一年就需要联系十二位专家，每位专家都亲自拜访是不现实的，最常见的方式就是通过电话或网络沟通和交流。大部分专家都非常热心、认真，积极地指导和帮助我们，他们中有人会说：“很高兴能用自己的专业为孩子做一些事。”有人会在付出劳动后不收取任何审稿费用，这让我们非常感动。

（4）内容策划、架构搭建和图书呈现

儿童科普书刊的目的是科学启蒙，激发孩子的好奇心和探究欲，其内容需要考虑孩子的接受能力，不能把专业、生涩的科学知识原封不动、不分重点地提供给孩子，这就要求编辑对科学知识进行提炼，选取孩子感兴趣的内容，用充满童趣的方式呈现出来，每个选题故事讲述的逻辑、框架、版式、表达方式等都要经过反复的策划和修改。例如，关于植物的选题相较于动物的就没有那么有趣，但在《蓝莓》这一期中，编辑却将蓝莓及蓝莓的种子化身为小精灵，让整本书充满童趣。

○《竹节虫》插图

（5）图文润饰

在文字及图片上，我们做了细致的调整和修改，让内容更有童趣、更严谨。以科普版《竹节虫》中的故事为例。

修改前的文本：

我的兄弟姐妹模拟小树枝，
我们模拟的是树叶哦，
而且是色彩斑斓的树叶，
人们通常叫我们叶螩。

短短四句话中的“模拟”“色彩斑斓”等词语，对于孩子来说稍显生涩难懂，不够有童趣，所以我们修改成：

我是一片青青的叶子，
我是一片黄黄的叶子，
我是一片烂叶子，
我们都是“会走路的叶子”。

修改后的语句读起来更朗朗上口，而且结合图片，更符合孩子的认知特点，“会走路的叶子”更是增加了童趣性和神秘感。

修改前：

沿着小径，穿过花园，熊警官大步流星走了起来。

“咚咚咚！”他敲开了狐狸家的大门，“请你来警局一趟。”

“凭什么啊？警察也不能乱抓人。”狐狸阿叔转着滴溜溜的眼睛，狡辩道。

“人赃俱获。这是在你家屋后发现的兔子脚印和粪便。我手头还有你在兔子家留下的脚印和粪便。你想抵赖也不行。”熊警官义正词严地说道。

聪明的小读者，你知道熊警官是怎样破案的吗？为什么认定狐狸是罪犯，不是猫呢？请运用你学到的森林知识，也来做一回小侦探吧。

这是科普版《森林》一期主题故事《兔宝宝哪儿去了？》的原稿，该故事大致讲的是：三只兔子宝宝不见了，兔子妈妈找熊警官来帮忙找兔子宝宝，熊警官通过脚印、粪便等线索找到狐狸，最终破案。这段文字是故事原稿的结尾部分，这样的描述如果给小学生阅读是没有问题的，但《小聪仔》的主要读者对象是幼儿园的孩子，“人赃俱获”“抵赖”“罪犯”等词语对于幼儿园的孩子来说理解上比较困难。另外，原稿结尾没有交代兔子宝宝去哪儿了，孩子肯定会提出疑问，这时家长就面临要给孩子怎样解答才更合适的问题。出于这些考虑，编辑对文稿进行了修改。

修改后：

沿着小径，穿过花园，熊警官大步流星地朝另一个屋子走去。

“咚咚咚！”他敲开了狐狸家的大门，“狐狸先生，请问你刚才去过兔子家吗？”

“没，没，没有呀，我一直在家里睡觉呢！”狐狸先生转着滴溜溜的眼睛，吞吞吐吐地说。

“那，我怎么在兔子家附近发现了你的脚印和粪便呢？”熊警官义正词严地问道。

“这怎么可能呢？您一定是看错了，尊敬的警官先生。那一定是兔子自己的脚印和粪便。”狐狸先生继续狡辩。

“兔子的脚印是那样的——”熊警官指着一串从门口一直到床边的脚印说，“还有，我怎么闻到一股臭臭的气味？”

熊警官走到狐狸的床旁，掀开床上的被子，呀，被子下的不正是兔妈妈的三个宝宝吗？还有，小兔们拉的便便。

“哎呀，我的天啊，你们怎么能在我床上拉便便呢！臭死了，臭死了！”狐狸先生气得直跳脚。

狐狸先生被熊警官带回了森林警察局。

三只小兔终于和妈妈团聚了。

聪明的小朋友，你知道熊警官是怎么破案的吗？

修改后的稿子对一些难懂的词语进行了优化，并增加了兔子宝宝躲在狐狸的被子里拉便便的情节，滑稽的情节和语言表达增加了阅读的趣味性。

○ 左：正确的配图

○ 右：错误的配图

在图片方面，可能很简单的一个操作就会导致错误的出现，如前面这两张彗星的图片，右图只是把左图进行了镜像处理，但事实上，我们看到的彗星只会由右至左运行，而不会由左至右运行，所以如果将图片镜像，就出现错误了。

一张看似简单的月亮围绕地球转的图，其实关乎月相、地形、视角、轨道等问题，是美术编辑与国家天文台的科普专家经过数天反复沟通、修改，才最终定稿的。虽然读者不一定能发现其中的一些细节，但是我们不能因为读者没发现而让错误存在。我们是科学刊物，就应该严谨。国家天文台的科普专家为此对我们做出了肯定的评价："感谢你们的认真，你们严谨的精神是中国少儿科普读物的希望。"专家的肯定让《小聪仔》的编辑们颇受鼓舞，更深感身上肩负的重任。

（6）突出品牌形象

小聪仔和古怪果作为品牌形象，贯穿在刊物之中，讲述知识、温馨提醒、增加童趣，是凸显品牌的一种方式。

5. 新媒体融合

我们在纸质刊物中加入了真实的视频、音频等内容，今后也会陆续加入其他新媒体内容，与时俱进，丰富读者的阅读体验。

6. 宣传营销

《小聪仔》的营销分为线上营销和线下营销。线上营销主要集中在互联网传播和营销，包括开通官网、微信公众号、抖音账号、小红书账号、看点直播号、微店等，定期更新和举办线上活动。线下营销主要是定期到幼儿园、商场、户外等场所举办主题科学活动，并定期给幼儿园老师进行培训，实现地面推广。

7. 版权输出

《小聪仔》科普版目前已有 36 个主题输出越南。

○ 《小聪仔》科普版越南语版

8.《我爱大自然》科普电子书

《小聪仔》团队以科普版为蓝本打造了《我爱大自然》科普电子书，该电子书入选国家出版基金项目，先后荣获第四届中国出版政府奖音像电子网络出版物奖、第五届中华优秀出版物奖。在此之前，该科普电子书就已入选了“十二五”国家重点图书、音像、电子出版物出版规划，荣获第二届向全国青少年推荐的50种优秀音像电子出版物、第九届广西优秀音像电子出版物一等奖。

二、我们的态度

回到本文标题：用态度做刊物，做有态度的刊物。那么，《小聪仔》团队是以怎样的态度来编辑出版这本儿童期刊的呢?

首先，我们不忘初心。《小聪仔》期刊的初心是陪伴孩子快乐成长，引领孩子快乐阅读。秉承着这样的想法设计栏目、编辑稿件，我们希望孩子从刊物中获得的是轻松和快乐，而不是说教和压力。我们时常会收到读者的来信或反馈，其中一位读者这样说道：“我从心底感谢《小聪仔》的编辑们，你们让自己的快乐成为孩子的快乐。”编辑看到这样的反馈非常感动，因为读者体会到了我们的用心，我们体会到了读者的快乐。

其次，我们满足市场需求。根据孩子、家长、教师的需求，我们提供贴心的服务。比如市场需要低幼产品、幼儿科普产品，我们就研发出版了婴儿版和科普版；教育部提出“双向衔接”，我们紧跟政策，在刊物里以幼儿喜欢的方式，提供幼儿园的入学准备内容；考虑到一些家长工作忙、普通话不标准等因素，我们在刊物中提供用标准普通话录制的童趣音频；幼儿园需要专业的科学素材、科学知识体系，我们为幼儿园提供解决方案，共同探索并推进幼儿园科普教学；受疫情影响，孩子们暂时不能去幼儿园，获取知识的途径受限，我们便举办了线上“亲子阅读打卡 30 天”的活动，引导孩子快乐阅读。

最后，我们拥有三种意识。第一种是精品意识。精心选稿，精心策划，精心提炼，精心设计，精心校对，所有环节我们都力求精益求精，让读者获得良好的阅读体验。第二种是市场意识。编辑不仅仅是做案头工作，还应该懂读者、懂市场、懂营销、懂宣传、懂活动，才能做出市场真正需要的东西，用产品经理思维，竭力打造高品质、有核心价值、市场需要的产品，建立《小聪仔》的阅读生态。第三种是品牌意识。通过打造小聪仔的 IP 形象、开发小聪仔衍生产品等方法努力打造小聪仔品牌。

○ 《小聪仔》团队

三、我们的团队

《小聪仔》期刊的发展，依靠的是一个团队。《小聪仔》团队的成员可爱、认真、热爱生活、有冲劲，包括有眼界、有魄力、有大局观和前瞻性的领导，努力钻研的编辑人员，吃苦耐劳、有韧劲的发行人员。除此之外，科普专家、幼教专家、各类作者等，也都是《小聪仔》团队的成员。《小聪仔》期刊凝聚着大家的努力和智慧。

四、做编辑的感受

2022 年是我作为《小聪仔》期刊编辑的第 17 年，这 17 年里，我从一个青涩的大学毕业生不断成长，有了一些作为幼儿刊物编辑的感受。

第一，编辑幼儿刊物是一件很专业、很讲究的事情，幼儿期刊的编辑应树立庄严的目标，同时具有游戏精神，应该更加有创意、机智、幽默和有趣。

从来就不是我们成人哄孩子，而是孩子在引领着我们，走向自然的、纯粹的、原始又现代的本真世界。

第二，永远都不能停止学习。学习是多方面的，包括对学前教育文件和资讯的学习，对幼儿、家长、教师心理和需求的学习，对各类知识的学习，文学素养的提高，等等。编辑其实跟教师一样，想要给孩子一勺水，自己必须有一桶水。现在的孩子、家长都很聪明，他们见多识广，作为编辑的我们只有眼界更广、功底更扎实，才能得到广大读者的认可。

第三，编辑应该努力成为“专”家，同时也是“杂”家。“专”指的是专心、专注、专业；“杂”指的是面对各项工作，都能灵活应对。我非常庆幸能在《小聪仔》这个平台工作，因为这里有很多锻炼、提高自身能力的机会，可以提高自身的编辑修养、文学素养、沟通能力；可以接触各领域的工作，我们除了负责纸质刊物的出版，还要参与网络宣传、电子音像出版物的制作、营销策划等。每一项工作都值得用最好的态度去学习和研究。

五、结语

如果有人问我，做《小聪仔》困难吗？困难。但我相信，做好每一件事都不容易，过程中都会充满困难和阻碍。

那做《小聪仔》快乐吗？快乐！尤其是看到孩子喜欢、专家认可时，就会有满满的成就感。每期刊物都像自己的孩子一样，让我珍惜、自豪。

想继续做下去吗？想！而且要做得越来越好！《小聪仔》有一句宣传语——“阅读十年，收藏一生”，这便是我的奋斗目标。

（本文作者系接力出版社《小聪仔》编辑部副主任）

影像里的点滴故事

——谈谈音像出版选题的策划与实施

陆春泉

广西金海湾电子音像出版社有限公司（简称“金海湾社”）专注于各种音像作品的创作出版，凭借丰富的影视策划、拍摄、制作经验，独立或参与拍摄、制作、出版了《左江花山岩画》《广西少数民族原始仪式音乐》《广西世居民族影像志》等多部大型专题片或纪录片，其中《广西世居民族影像志》入围 2019 年第九届“光影纪年——中国纪录片学院奖”，荣获“第八届广西出版物优秀装帧设计艺术奖”电子音像整体奖一等奖，获 2019 年国家出版基金项目绩效考评通报表扬。通过参与创作出版上述作品的工作实践，我认为，一部精品音像出版物的成功推出，在编辑出版工作上需要把握好以下几点。

一、选题：讲什么故事

选题策划是一个出版项目的基础。如何策划选题、什么样的选题是好选题、选题的价值和意义是什么、是否有能力完成选题，是每个出版人在选题策划之初都会考虑的问题。我觉得，一个选题所讲的故事，虽然可以从宏大的叙事方向着手，但更多时候是要以小见大，从一个小切口着手，再深入推进。因此，在选题上，我们主要侧重于以下四个方面：

一是跟党走。我们要在选题策划上紧跟党中央的步伐，与党中央的重大

○ 国家出版基金项目《广西世居民族影像志》音像制品

战略部署合拍合奏，与国家级重大项目实施相同步。

例如，2020 年是脱贫攻坚的决胜之年，我社紧紧围绕党和政府的中心工作，充分发挥专业资源优势，在广西出版传媒集团的指导下策划了《绣梦人》、《毛南族脱贫史》（后更名为《红火的日子》）、《乌英苗寨》、《寨美一方》等一批脱贫攻坚系列出版选题，通过典型事例、典型经验、典型人物讲好脱贫攻坚故事，展示广西脱贫攻坚的伟大成就。其中，《毛南族脱贫史》参加了自治区广播电视局 2020 年度第一季度网络视听节目精品创作传播工程作品征集活动。2020 年 5 月，习近平总书记就毛南族整族脱贫做了重要指示。与此同时，《毛南族脱贫史》正在紧锣密鼓地策划实施中。为深入贯彻落实习总书记的指示精神，该项目在申报国家广播电视总局“网络视听节目精品创作传播工程”扶持项目的过程中，根据自治区广播电视局有关专家的建议，更名为《红火的日子》。项目名称来源于习近平总书记的重要讲话，既展现

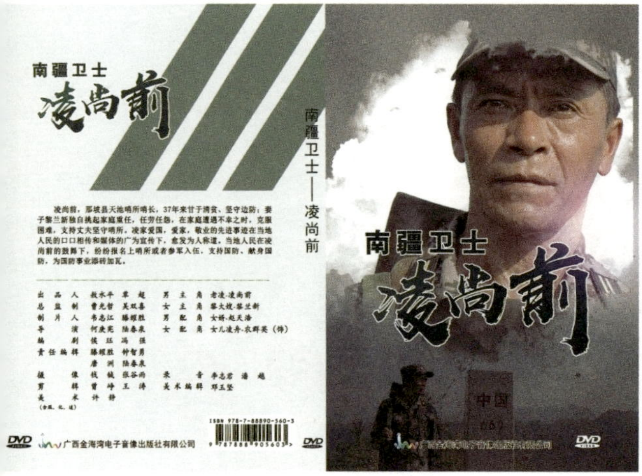

○《南疆卫士——凌尚前》DVD

○ 微电影《南疆卫士——凌尚前》拍摄现场

了习近平总书记对毛南族群众“让日子越过越红火”的鼓舞，又描绘了毛南族群众脱贫致富奔小康的红火生活。

二是追热点。选题策划要善于体现时代发展主题中的热点。2017 年，广西那坡县天池国防民兵哨所的哨长凌尚前戍边 37 年的先进事迹广为传播，我社将凌尚前的真实故事改编成微电影《南疆卫士——凌尚前》。凌尚前 37 年来甘于清贫、坚守边防，他的妻子黎兰新独自挑起家庭重任，任劳任怨，支持丈夫坚守哨所。这部微电影，很好地宣传了凌尚前爱国、爱家、敬业的先进精神，激发了人们关心国防、支持国防的真挚情怀，弘扬了社会正能量。

三是讲广西，即持续深入挖掘广西文化的精髓。地方民族文化、地方特色文化是音像出版的巨大宝藏。作为音像电子出版编辑，本地区的历史文化遗产、丰富的民俗特色资源，一直是选题策划的重要思路来源。地方史志、地方戏曲、名胜古迹、民俗风情，无一不是选题的切入点。而音像电子出版

○ 国家出版基金项目《左江花山岩画》拍摄现场

○ 《广西世居民族影像志》节庆篇——瑶族盘王节

物在抢救人类文化遗产方面，其载体优势是显而易见的。

金海湾社近几年围绕广西地方民族特色、历史文化遗产策划了《稻之道》《广西世居民族影像志》《左江花山岩画》《广西少数民族原始仪式音乐》《合浦汉墓与海上丝绸之路》等音像出版项目，许多项目获得了国家出版基金的扶持。

○ 微电影《阅读的春天》海报

其中，《广西世居民族影像志》是首次全景式、集成式地展现广西12个世居民族的影视作品，内容丰富、画面精美，人文之美、和谐之美、自然之美贯穿整部作品。《广西世居民族影像志》取材于原汁原味的广西世居民族生活环境，囊括了广西12个世居民族方方面面的内容，对广西各世居民族的文化进行了有效的挖掘和整理，其内容体现了广西世居民族的多元性和独特性，同时也是对中华优秀传统文化的保护和传承。

四是聚优势。聚集广西出版传媒集团海量出版资源优势，与兄弟单位实现有机联动。每年的4月23日是世界读书日，顾及“全民阅读”推广所面临的问题和未来发展方向，我们拍摄了微电影《阅读的春天》，希望让更多人加入阅读的队伍。影片以不同出版社的书籍为线索，讲述阅读在不同阶段对人们的影响，并以“阅读”“悦心”“约未来”三条线点明中心思想——阅读的“春天”来了。

二、实施：怎样讲好故事

讲故事有五个要素，即何时、何地、何人、何事、何故，要讲好一个故事，这五项内容都应表达清楚。“何时”的表述要注意开门见山，以单刀直入的方式引起观众注意；“何地”的表述要尽快进入场景，突出表达的主题；“何人”的表述要有名有姓，这样才显得真实，也方便观众理清思路；“何事”

的表述应注意具体、细节；“何故”的表述则主要是让观众得到心理释放。

讲故事最重要的是对“何事”的讲解，换句话说，也就是场景重现。场景重现的一个技巧就是表达具体描述细节，使观众身临其境，沉浸式思考并产生思想上的触动，以此达到最佳的观影效果。

所以，在关于怎样讲好故事上，我认为主要从以下这“四大提升”入手：

第一，提升脑力，生动地讲故事。首先要构思剧本主题。在讨论选题剧本时，要提炼主题思想，掀起头脑风暴。在故事主题的展现与艺术表现上，要把握小人物、正能量、大情怀；要做到思想性、艺术性、观赏性“三性”统一；要做好思想精深、艺术精湛、制作精良的“三精”结合；要做到形象化、故事化、生活化。

例如，6集纪录片《红火的日子》通过毛南族人民在脱贫致富道路上的一系列具体事例，全方位展现毛南族全族脱贫的真实故事，展示国家致力让毛南族人民脱贫致富的坚强决心和伟大成效，折射党心、民心聚力之伟，以及“不让一个兄弟民族掉队”“一个民族都不能少”的坚定之誓。该片从环江毛南族自治县100多个扶贫典型中筛选出十多个典型案例,分别从扶贫政策、基础建设、易地搬迁、教育扶智、中坚力量、产业发展等方面生动展现环江脱贫成果，讲述共产党员带领人民群众在脱贫的道路上攻坚克难，使毛南族群众从“难”中走出来，最终实现美好生活的生动故事。

第二，提升眼力，以独特和多元的视角挖掘故事。我们要聚焦同类型文字影音作品，从更独特和多元的视角挖掘故事。收集资料是讲好一个故事的基础，我们需要大量的素材，才能打造出一个让观众普遍认可的故事。

一个背景故事应该包含所有故事都具有的共同特征：什么时候，在哪里，为什么发生这件事，等等。此外，还应指出故事最初被塑造的原因，故事的主角遇到了什么样的问题与机遇。因此，我们要多收集其他同类作品的资料，从中提炼出它们之间的共性，然后再结合自身的特色来创作出一个全新的作品。

第三，提升笔力，真实表达，真情还原。在前期制作阶段，我们要做好题材准备工作，即要明确我们拍摄影片的主题、目的、受众群体及素材收集途径等。一般来说，可以先通过网络了解拍摄主题的相关信息，接着开展实地调研，找人物，找故事，找亮点。在这之后，就要制作拍摄计划、撰写拍摄大纲，同时与拍摄对象建立良好的合作关系。此外，还要统筹各方面的资源，组建摄制组。

第四，提升脚力，实地采访，亲临现场。走出办公室去调研，是挖掘好故事、做出好视频、锻炼好团队的重要法宝。在一部音像作品的创作中，拍摄是最关键的环节，考验着摄制组成员的良好素质。这里需要明确以下三点：

一是，在前期制作阶段，我们要尽量多拍些素材。用影像来说故事，最

○ 提升脚力，跋山涉水，实地采访

好要有足够的画面素材来处理，时刻遵循“宁可多拍也不要漏拍、少拍”的原则，留待后期制作时再做取舍。要以镜头为工具刻画影片的故事，又在故事的基础上升华，将电影摄影与美学艺术巧妙结合，让观众产生“观影即看画”的奇妙感觉。

二是，在后期制作阶段，要去芜存菁，要能舍、会舍。后期是增加艺术可看性的二次创作，适当的舍弃是为了放大情绪点，增加观看黏度，提升品质感。

三是，可优先考虑拍摄短视频类型的作品，因为短视频的摄制周期短，可控性较强，服化道（即服装、化妆、道具）和置景人员都比较好调度。例如，数字出版物《阅读的春天》是以叙事性微电影的形式，反映人与书籍的关系。虽然我们只有 5 天的时间策划筹备该视频，但是根据文案策划人员提供的故

○ 微电影《阅读的春天》拍摄现场

事拍摄大纲，我们做好场地、服装、人员的协调，紧张而有序地按时完成了拍摄项目。

三、反思：遇到困难怎么解决

在影片摄制期间难免会遇到各种各样的问题，如何解决遇到的问题是一个音像编辑需要提前筹谋的事情。摄制组到实地进行拍摄时，对当地的地理环境往往比较陌生，所以在拍摄的时候难免会遭遇一些事先没有预料到的突发情况，这些都考验着摄制组成员的应急处置能力。

（一）工作前置，永远要有预案

在拍摄少数民族题材的影视作品时，由于部分少数民族聚居地在偏远山区,那里道路险峻,交通、网络等会有诸多不便,摄制组会遇到拍摄地偏远难行、语言沟通困难等问题。同时，还会存在环境难以适应、拍摄对象不配合等很多难以预料的突发情况，但是我们可以事先做好应对预案，一旦当前的方案行不通就启用预案，确保拍摄的总体进度不受影响或者将影响减到最小。

当然，除了致力于改善拍摄的硬性条件，我们还要培养摄制组人员的个人奉献精神。有一个非常经典的例子：当年在拍摄电影《刘三姐》的时候，导演苏里的腿意外被开水烫伤。当时天气炎热，他的双腿已经严重溃烂，剧组成员纷纷要求停止拍摄，请导演苏里先休假好好治疗双腿。但是苏里依旧强忍着疼痛，坚持把整部影片拍完。正是这些老一辈艺术家们的辛勤付出，才造就了今天一个个令人终生难忘的经典作品，今天的我们也要将这种精神传承下去。

（二）选题没有选上怎么办

对于策划编辑而言，自己策划的选题未能通过审核、未能获准列入选题计划总会令人沮丧。但也正是这种时候，编辑更要做好反思与改进。

首先，要从头到尾梳理一遍自己的作品，分析选题落选的原因，再对其进行一次“大手术”。比如，分析作品的定位是否符合主题和时代背景；分析作品是否缺少足够吸引观众的亮点；分析作品的逻辑是否严谨、情节是否合理等。

其次，要多学习，多参加培训，多参考其他优秀的作品，取其精华，努力提升自己的脑力、眼力、笔力。通过多学习、多打磨选题，争取进一步提高选题质量。

四、结语

我从选题、实施、反思三个方面阐述了一部音像作品从无到有的诞生过程。除希望给读者呈现从文字阅读转向影视表达的过程外，还希望读者能够了解影视类文化内容的策划和制作思路。音像作品的创作不单只有室内的构思、策划和研讨，还有实地的调研、拍摄，以及对故事内容的挖掘、收集、整理和叙述。如今，随着移动互联网的不断发展，以全媒体思维推动音像作品的数字化发行正当其时，希望上述的一些内容与思路，能够对编辑打造优质内容、提升作品价值略有裨益。

（本文作者系广西金海湾电子音像出版社影视中心副主任）

融合出版的星辰大海

——谈谈全媒体时代互联网出版的纵深发展

宁良凌

新时代阅读需求发生了深刻变化，出版物的生产流程、形态和传播方式随之改变。通过互联网连通的移动阅读场景正打开新的出版方向，融合出版的使命任务由此诞生。传统出版积累的海量文本信息成为融合出版的牢固根基，借助5G、VR、AR、区块链、元宇宙等技术的应用，全媒体出版产品能够满足不同用户群体的需求。新流程、新模式的驱动，给出版机构带来了组织层面的考验，如何答出组织创新、机制灵活、人才培养等问题的时代考卷，必须由出版人进行思考并做出智慧贡献。

一、时代变迁，新事物活跃

（一）图文时代落幕

随着时代的变迁，移动技术发展到2G、3G、4G应用，图文阅读占据主流，这体现在期刊选择铜版纸进行彩色印刷、手机屏幕变大且分辨率越来越高，以及网络流行“有图有真相”的新闻阅读习惯等。我刚参加工作时，《海外星云》杂志正进行印刷纸张的变革，刚开始为了节约成本和试探市场反应，内文共80页的《海外星云》只能选择其中16页进行彩色印刷。能够选上的代表有望夺得月度优秀文章，编辑为了让自己组来的文章能够“登上”彩色内页绞尽脑汁。资深编辑偏向深度阅读，原本更多是注重文字的表现力，为了适应变化而开始探索新稿源；年轻编辑更加坚定选择读图式的稿件，甚至直接选择图片报道系列。变革伴随读者的反馈不断推进，大多数读者通过信件、电子邮件和社交软件等方式表达了希望看到整本彩色印刷刊物的愿望，在读者的推动下，后续《海外星云》的出版实现了整本彩色印刷。事物具有两面性，改版增加的成本体现在之后的定价上，也因此流失了一批对价格敏感的读者。同一时间，新浪微博、腾讯新闻、今日头条等互联网媒体开始成为主要的信息传播渠道，《海外星云》的时政类大众文摘定位在互联网冲击下变为劣势。当读者的线上阅读时间变长，并变成一种趋势且固化成生活习惯，纸质阅读的读者就会持续流失。互联网图文阅读的鼎盛时期是在社交媒体普及且有了微信朋友圈功能之后。在微信公众号活跃的高峰期，图片质量高加上言之有物，单篇推文轻轻松松就能获取超过 10 万的阅读量和过万用户的关注，这个效果足以给微信公众号经营者带来经济利益。而随着内容同质化问题出现，竞争越来越激烈，读者逐渐产生审美疲劳，如今若想达到原来 10 万阅读量的获利水平，单篇推文至少要达到 100 万的阅读量，“爆款”推文受到的监管更严格，稍不注意可能存在账号被封的风险。公众号的衰退也标志着图文时代就此落幕……

（二）短视频兴盛时代

《2021 年中国网络视听发展研究报告》显示，截至 2020 年 12 月，短视频、综合视频、网络直播、网络音频的用户规模分别为 8.73 亿、7.04 亿、6.17 亿和 2.82 亿，日均使用时长分别为 120 分钟、97 分钟、60 分钟、59 分钟，各个细分领域实现较均衡发展。2020 年泛网络视听产业规模超过 6000 亿元，网络视听用户规模突破 9 亿。有 8.73 亿活跃用户的短视频成为大众获取学习、生活、工作信息的主要方式，人们除了通过短视频获取新闻资讯，进行趣味性的娱乐休闲活动，还会学习专业课程知识和实用的生活技能。有内容的短视频呈爆发式增长，内容价值已经成为短视频聚集和沉淀用户的主要因素，以流量吸引和输送为核心的规模化发展让深挖内容价值的知识类短视频成为又一个“风口”。需求拉动供给，线上平台内容缺口巨大，传统产业都在思考转入线上和短视频赛道，希望以此促进产业升级并创造新的经济增长点。在机遇和挑战中，同一班子管理的广西《海外星云》杂志社有限公司（简称“星云社”）和广西金海湾电子音像出版社有限公司（简称“金海湾社”）整合资源，梳理近年国家出版基金项目内容，将积攒的拍摄素材进行短视频碎片化加工，在梳理加工的同时与区内较大传播终端平台一拍即合，从关注度较高的民族服饰、美食和特色产业切入，5 个月时间内完成 144 条高质量短视频的剪辑，不仅盘活了存量数字资源，而且在传播上更上一个台阶，印证了优质内容的传播和变现是短视频内容“突围”的合理路径，这些短视频有不少被推荐到“学习强国”“央视频”“人民号”等全国官方媒体平台，实现了社会效益与经济效益的统一。

（三）新业态发展迅速

传统业态转入“云端”升级，云阅读、云视听、云看展、云演艺、云旅游等新模式不断涌现，文化类直播备受欢迎。红利见顶的互联网视频流量内容中“有用”占主导地位，在短视频平台上学习知识成为新趋势。以快手 App 为例，其“快手新知播”活动推出后，第一季度有 3000 多位知识类创作者和 60 多家头部机构开播，知识直播逾 7 万场（次），总在线观看人次超 33 亿，第二季度吸引了超 1.4 亿人次观看。截至 2022 年 5 月，国家大剧院线上系列演出全网总点击量超过 34 亿次，先后通过剧院和中央媒体的海外社交媒体官方账号，以 9 种语言向全球 168 个国家和地区播出。据统计，某短视频平台的日活跃用户数量已超过 6 亿，2021 年，该平台电商以每月超过 2 亿条短视频内容和 900 多万场直播，让超过 100 亿件商品走入千家万户。

一些文化单位、文物保护单位积极与新媒体平台、数字文化企业合作互动，运用 5G、VR、AR、人工智能等技术开发馆藏资源，探索“互联网 + 展陈”的新模式。“云游长城”小程序是全球首次采用云游戏技术，实现最大规模文化遗产高精度沉浸交互式的数字还原，用户可以在云端体验“修缮长城”和“沉浸式考古”。拥有超过 500 万用户的“故宫博物院”小程序，全面整合了故宫在线数字服务资源，集文物数字化、知识普及、功能性导览于一体，让用户不仅能“云”游故宫，饱览藏品，还能获得购票约展、定制游览路线、信息无障碍化等实用服务，为用户提供线上线下的“一站式”体验。

沉浸式体验业态也十分活跃。“游戏化实景沉浸式文旅体验”活动，让游客从进入景区大门开始融入游戏情境，开启线上、线下互动体验模式，通过面对某一具体景观打开手机看 AR 特效、与真人扮演的非玩家角色（NPC）互动、破解谜题等，一改从前景点参观、打卡、拍照等单一活动，增加了游玩乐趣，实现了游戏化的数字虚拟景区与现实景区景观的破壁结合。

在拓展新业态方面，金海湾社新媒体中心一直保持对新事物的敏锐度，借鉴案例实操推动新业态与出版主业的融合发展，针对“花山复合出版平台”项目、民族服饰融合出版工程、“红色星海”支部品牌建设、民族音乐融合出版工程、“广西数字画卷”项目做了相应规划和新技术应用匹配分析，让出版活动更具时代特色和区域品牌识别度，并通过目标群体的交流体验和社交分享，进一步扩大受众面和影响力。尝试性探索中，比较有影响力的是 2021 年 6 月 29 日在广西民族博物馆进行的“红色星海——微党课直播活动”。适逢中国共产党建党 100 周年，主播编辑通过诵读红色经典诗词和推荐《广西世居民族影像志》《红色经典故事》等出版物，丰富党史学习教育形式，获得了社会各界广泛关注。

二、做好新时代出版工作，转型融合是一道必答题

传统出版方式、传统媒体受众面和发展规模逐年递减，市场占有率不断下降，新兴出版、新媒体走进人们的生活，一部智能手机就可以获取一切信息。尤其是对于年轻人，新媒体已经成为他们日常生活中获取信息和帮助的重要途径。走融合之路是二者发展的必然出路，传统出版与新兴出版、传统媒体和新媒体的有机结合能在当前新环境下使传播价值最大化，其产生的影响力也是巨大的。例如当前短视频、微信、微博的信息传播，几乎覆盖所有行业，任何类型的信息都可以依靠这些渠道传播。国有文化企业应当充分利用全媒体发展的趋势，坚持正确导向的舆论引导工作机制，站在传播高地做好双效统一。

为适应全媒体传播，将内容进行一次制作、多次分发已成为新常态，传统出版机制、体制改革才能打开快速通道。《海外星云》杂志创刊近 40 年，与大多数文摘期刊一样，在互联网冲击下面临生存难题，再加上社内员工老龄化、资金和技术短缺等问题，内忧外患，举步维艰，融合发展迫在眉睫。

自上而下的改革才能迈出关键一步。2016 年前后，初代知识付费系统上线时，社里初步接触了用户画像、社群营销、大数据分析等互联网思维，但终究做了多年看客。如今，当线上知识付费已经成为习惯、短视频竞争进入下半场、刊社开始围绕品牌价值创造更多生存形态……星云社要提前探讨内容与新技术的结合，做好社内协调，集全社之力坚定转型之路，让更多用户助力融合出版。

就金海湾社和星云社现有的条件，我们无法在产品规模、传播矩阵和集团化营销上突破，唯一能够深度挖掘的是“边界和传播零成本”的资源，这就要求现有团队在策划和内容搭建上大胆尝试。首先要刷新读者和用户对老品牌的形象认知，其次利用数据对细分市场进行预判，形成一套短期推出“快打”产品和长期多线布局的有效做法，最后通过多方“输血”再“造血”达到“重生”的目标。已经成功转型的案例告诉我们，视野需要更开阔，在进行品牌重塑的同时，要进行结合新技术、新关注点的产品培育。

5G时代再次刷新数据收发速度，导致移动终端用户量呈倍数增长，视频内容由原来的泛娱乐、粗放式变为精品化、品牌化。错过了公众号和短视频上半场的竞争，我们需坚定开拓下半场出路，继续探索区块链、元宇宙新赛道。内容是根本，坚持深耕精品内容，发挥传统出版作者资源、读者资源、主题策划等优势，才能使线上产品更有生命力和可持续性。

○ 金海湾社和星云社的融合出版矩阵

三、破题思路：“快速上线、迭代更新”，抓好重点项目突围

（一）建设集团官网，权威宣传集团发展成就，增强集团影响力，扩大集团品牌效应

广西出版传媒集团官方网站于 2020 年 3 月 19 日正式启动，我所属的执行团队在集团党委、集团党群（宣传）部的高度关注、密切指导和集团各部门、各子公司的积极配合和帮助下，已完成网站的搭建、保障运行系统的稳定及问题排除等工作，并做好按照工作日每日更新频率的内容发布，不断尝试拓展网站内容运营。集团官网的建设奠定了集团宣传多窗口全面发展的基础，以官方信息渠道的构建，提高集团信息发布与内容宣传的权威性与可靠性，从而提升集团在出版业、文化内容产出上的知名度与影响力。

集团官网坚持以内容为核心，创新宣传手段，与集团其他宣传窗口配合，多渠道宣传集团动态；以集团提出的“内容出版 + 知识服务”的新型出版理念贯彻始终，推动集团优质内容资源融合传播，推进符合融合发展的出版业务流程重构，建立互联网环境下内容生产和传播一体化机制。我们坚持主动沟通，深入服务需求，在技术工具和网络平台上下功夫，持续完善功能和体验。积极向集团党群（宣传）部汇报工作，请示重点、难点，了解需求和要求，将各项工作做好做实。积极向集团各部门、各子公司推荐宣传业务，加强各方联系，针对需求提出有效方案，让网站运营维护工作朝着专业化、精细化的方向发展。

（二）推动传统出版向融合出版转型，持续做功

三年来，根据社领导班子提出的工作要求，我社贯彻落实体制机制转变、思维转变、经营模式转变方针，坚持内容融合、传播融合、产业融合、人才

○ 金海湾社拓展边界，实现“双效”统一

融合的融合发展，坚持全媒体驱动转型，以“三转变四融合一驱动”为发展方向，构建转型融合发展之路。优秀复合出版项目“花山复合出版平台”顺利实施，金海湾社官网重新改版上线，“影像广西”公众号实现定期常态化更新等一系列举措将金海湾社具备的优质影视素材资源进行进一步推广传播。我社充分契合当前移动互联网发展的趋势，以内容建设为核心，推动数十个优质出版项目在各类新媒体平台传播，持续深化音像出版的融合发展。

目前，金海湾新媒体中心策划实施适应5G时代传播要求的建设内容，持续提升融合发展成效，加大创新力度推动促进转型升级，线上新媒体运营与维护工作水平不断提高。通过微信公众号，推动《海外星云》与南方航空宣传推广代理公司继续签订资源置换协议，保障《海外星云》每期有150本刊物在全国50个南航明珠会员候机厅的报刊架展示，为进一步做好品牌重塑创造有利条件，也为赢得更高层面的意向客户打下坚实基础。推动《海外星云》

与漓江书院在微信公众号、订阅号及纸质刊物内容上的互动，线下活动每场平均吸引参与人数超过150人，扩大了受众范围、增强了用户黏性。金海湾社新媒体中心还曾助力2019广西书展宣传，策划、制作并发布3条短视频——总播放量为15.1万次（截至2019年10月30日），平均播放量5.03万次；点赞总数2559次，平均每条853次；评论总数122条，平均每条40.67次；转发总量60次，平均每条20次，凸显了其良好的社会效益。

（三）抓好主题出版、红色教育重点选题，提升主业核心竞争力

习近平总书记指出，要用心用情用力保护好、管理好、运用好红色资源。要深入开展红色资源专项调查，加强科学保护。要开展系统研究，准确把握党的历史发展的主题主线、主流本质，旗帜鲜明反对和抵制历史虚无主义。要打造精品展陈，坚持政治性、思想性、艺术性相统一，用史实说话，增强表现力、传播力、影响力，生动传播红色文化。要强化教育功能，围绕革命、建设、改革各个历史时期的重大事件、重大节点，研究确定一批重要标识地，讲好党的故事、革命的故事、英雄的故事，设计符合青少年认知特点的教育活动，建设富有特色的革命传统教育、爱国主义教育、青少年思想道德教育基地，引导他们从小在心里树立红色理想。

广西是少数民族聚居、多元文化共生区域。由于受少数民族聚居地区特殊地理环境和经济水平的限制，民族文化资源利用尚有提升空间。广西民族地区资源仍待深入开发，爱国主义教育资源的利用存在开发不充分和利用不全面的问题。广泛开展红色教育尤其是对西部地区青少年的红色教育，有利于铸牢中华民族共同体意识，提高民族地区教育质量和水平。全面加强民族地区学校思想政治工作和意识形态阵地建设，在民族地区深入推广爱国主义教育，推动民族地区学生享有公平且高质量的红色教育。结合《出版业

“十四五”时期发展规划》，以爱国主义教育为主线，以民族团结进步教育为重点，构建红色文化沁润、课上课下呼应的数字教育方式。

自2018年起，金海湾社新媒体中心团队对主题出版的融合出版物进行专项研究，策划实施音频出版物《红色经典故事》《红领巾讲解员》《时代赞歌》，以及纪录片和专题片《史前明珠甑皮岩》《指尖上的富裕》等。通过策划重点选题，增强社会主义接班人的红色基因，强调在党的领导下广西民族文化的保护、传承和发扬，深入领会各民族共同缔造的多元一体的中华民族精神，强调各民族像石榴籽一样紧紧抱在一起，铸牢中华民族共同体意识。通过项目实施，打造无围墙的“红色教育”“历史教育”“民族文化教育”“三育”融合的微课堂。

策划实施金海湾社党支部的“红色星海”品牌，创新党建载体，将传统优质内容与新兴技术融合，做好新时代党建宣传思想工作。一方面抓好传统纸媒、电子音像的出版质量，另一方面做好产业链延伸、构建双循环发展新模式：加大音视频及其他创新性体验式内容的产出，并通过与其相匹配的软硬件应用，如电脑终端、手机端、各屏端和穿戴设备，力争在数据化、视听化和移动化实践中取得成效，并通过网络连接产生的“党建＋业务＋互联网”功能拓宽线上传播、互动及变现渠道，推动融合出版可持续科学发展。

四、答出融合出版高分卷，关键在个人与团队共成长

（一）个人成长适应新环境变化

从传统纸质期刊编辑转型为融合出版项目负责人，关于蜕变的心路历程，我想谈几点体会。首先，对待新出版业态要有正确的认识。传统编辑模式因不适应新时代需求而发展受限。构建互联网思维，了解在不同场景中进行知

识传播的不同需求，关键是要抓好内容质量，提升各环节协同效率，快速上线融合产品并不断优化。其次，对于优质内容的获得需主动研判。打破传统稿件由作者提供再进行论证的操作，要从数据中分析市场需求进而寻找生产要素，使内容选择更有针对性。再次，要深化市场意识促进转化。在成本控制方面，融合产品坚持一次制作、多次分发，坚持“站在巨人的肩膀上”跨越式发展；在渠道建设方面，精品内容的落地要匹配资金充沛的平台或者机构，待市场验证的内容可采取限额测试或者众筹发行的方式，对于社会效益较大但不能保障经济效益的内容需得到政府及相关管理部门的认可，积极申报奖项，增强资质认证，扩大影响力。最后，重视组织培养和个人努力的结合，制定职业规划，有步骤地完成个人提升，尽可能多地开展不同方向的项目尝试，积累资源，开阔个人视野、格局，锻炼个人能力。

（二）团队成长探索更多可能

金海湾社新媒体中心朝着出版新媒体先锋队的目标发展，团队特征表现为队伍年轻、综合能力强、抗压能力好、完成度高。新媒体中心经过近年的实践，积累了适应不同群体的融合出版选题策划、制作和传播工作经验，为企业创新发展注入活力和动力。在主题出版方面，针对 12 岁以下儿童的音像电子出版物《红色经典故事》，充分利用广西红色资源，嵌入亲子阅读场景培根铸魂，让儿童从小接受红色教育、传承红色基因。因《红色经典故事》广受读者欢迎，我们接着策划了音像电子出版物《红领巾讲解员》，凝结民族共同体智慧的广西民族红色故事通过红领巾讲解员的生动描述，被赋予了新的生命力。下一步，我们将垂直打造《红色书简——红色经典故事》《画中有话——红色经典故事》等，形成融合系列出版物。在地区文化方面，我们将推出《广西数字画卷——传承发展中华优秀传统文化系列》，围绕“建设壮美广西　共

○ 现场导演工作

○ 现场拍摄工作

○ 团队现场观看回放

圆复兴梦想”的总目标，用“出版物＋融媒体宣传”方式讲好更为繁荣富裕、更为团结和谐、更为开放包容、更为文明法治、更为宜居康寿的广西故事，做足广西地域标识性文化影像资源文章，接续延伸《我们的广西》《文化广西》《非遗广西》重点出版项目价值，碎片化、智能化制作加工存量资源，延长重点出版项目、出版品牌的生命力和活跃度。在教育方面，进一步扩大“花山复合出版平台”的作用，展现广西生态优势和文化魅力。做好短视频进校园工作，培养中小学生爱国、爱家乡的情怀。新媒体中心团队围绕集团“十四五”规划激发人才资源活力，实施“师徒制”“传帮带”“项目＋人才”培养模式，人员素质明显提升，为企业深度融合发展提供更多可能。

五、高质量内容与渠道建设铺就融合出版的星辰大海

当前，融媒体形式的内容生产与发布方式已经成为传媒行业的主要发展方向与趋势。作为音视频内容生产服务单位，我社逐步适应移动互联网时代的传播方式，金海湾社和星云社自持续转型以来，从传统音像、期刊的出版，到向影视制作上下游产业发展，建立网络出版模式，加强互联网推广营销，持续向移动互联网发展方向靠拢。目前，金海湾社、星云社与合作单位建立了多个新媒体宣传出口，持续创新音视频内容生产、多媒体平台发布的机制与模式，初步适应融媒体内容与渠道的技术要求。

在内容建设方面，金海湾社以有关广西民族文化、广西特色传统文化的音视频素材为基础，以短视频为主要形式，推出一系列适合在移动互联网平台传播的音视频文化内容。在全面整理音视频内容资源的基础上，对音视频素材进行分系列碎片化、知识化的加工。星云社通过规范性的内容加工，对包括音视频、文章、图片等多形态媒体资源内容进行编辑，通过融媒体渠道进行短视频投放，实现适应移动互联网时代的内容传播。

在渠道建设方面，金海湾社将创新组织机构，利用移动互联网平台构建自有传播品牌，充分利用新媒体平台的传播优势，形成适应移动互联网时代的音视频生产服务特色。从传统的音像、期刊出版转型为“互联网＋音像”“互

联网＋期刊”的传播方式，即打造一个音视频创作传播中心，构建基于互联网媒介的传播体系，促进内容资源的创新深化与一体化运用，推动传统媒体与新兴媒体、传统出版与新兴出版融合发展向纵深推进，以融媒体渠道进行推广。这就需要建立新的组织架构，建立在线系统及资源运营平台，以现有丰富的音像资源和较强的影视拍摄制作能力为基础，创作、生产与营销推广，将短视频进行整合、分类，通过移动互联网平台进行分发变现，形成完整的传播渠道与生产服务体系。

深入学习贯彻落实习近平总书记关于推动媒体融合发展的重要指示精神，要求我们充分利用传统出版积累的精品文本资源，重塑内容表达，在形态制作、传播和变现方面保留特色品牌。因此，要注重传统编辑的转型培训和提升，加强引进优秀人才，让更多人参与助力融合出版产业发展和市场培养。建立产业思维，合理运用市场机制，优胜劣汰资源组合，形成一定规模的优质数字资产，吸引资本不断进入，铺就融合出版的星辰大海。“人民对美好生活的向往，就是我们的奋斗目标。”我们要奋楫扬帆，聚焦广西出版传媒集团“十四五”规划，做好相关工作，为集团全面建成广西文化企业标杆以及成为全国一流出版集团的目标而不懈奋斗；我们要勇立潮头谱新篇，助力推动新时代融合出版工作高质量发展。

［本文作者时任广西《海外星云》杂志社编辑部主任、广西金海湾电子音像出版社新媒体中心主任（兼），现任广西金海湾电子音像出版社副总编辑］

培根铸魂，点亮童年

——谈谈接力幼儿课程资源的建设

王明雷

幼儿是国家和民族的未来，幼儿课程资源的建设是为孩子点亮童年、培根铸魂的工作，是为国家和民族的未来贡献力量，这是我作为一名幼儿教育读物编辑的工作价值和意义所在。

首先，我想简要介绍一下接力出版社（以下简称“接力社”）。接力社成立于1990年，是一家自觉承担社会责任，强调文化接力、道德接力的专业少儿出版社，是全国优秀出版社、全国百佳图书出版单位。接力社先后四次获得中国出版政府奖“先进出版单位”，曾连续八届获得中宣部“五个一工程”奖，有500多种图书获得各类国际国内大奖。2020年，接力社30周年社庆之际，评选出了30种好书，包括《接力书信集》、《做人与做事》、“少儿万有经典文库”系列、“中华先锋人物故事汇”系列等为青少年培根铸魂、启智增慧的好书，我觉得这些好书是接力社的真正价值所在，因为它们影响了千百万人。此外，接力社原社长李元君、社长黄俭、总编辑白冰都是中国韬奋出版奖获得者，这在全国出版社中绝无仅有，他们是编辑的楷模，对接力社团队追求卓越的企业文化影响深远，对青年编辑有莫大的激励作用。对于编辑，他们是高山，让我充满敬仰，我要向他们致敬，向他们学习。

目前，接力社形成了一般图书和教育读物两翼齐飞的发展格局。一般图书名声在外，“双效”显著，教育读物也同样处于领先地位，只是我们对教

○ 《幼儿园适应性发展课程》修订版审稿会

材教辅的宣传做得不够。在教材教辅方面，以建社之初的语文、数学同步练习册为基础，经过 30 多年的发展，已形成包括国标教材、地方教材、教辅、幼儿课程资源在内的多学段、多学科、多类型，纸质图书与数字资源融合并进的出版体系，在广大师生中影响广泛，成为接力社品牌可持续发展的基石。其中，幼儿课程板块是接力社拥有自主知识产权的核心竞争力资源，自 2000 年以来，已先后研发出版了《幼儿园适应性发展课程》《接力宝贝 · 小橘子幼儿启蒙读物》《萤火虫幼儿视听互动探索资源》《第一次发现主题式科学探究课程》《接力宝贝 · 生活渗透式课程资源》5 套优质幼儿课程资源。2021 年，《幼儿园适应性发展课程》进行全面修订改版，一次性顺利通过广西中小学教材审查委员会的审查，为幼儿课程改革乃至广西学前教育做了重要而长远的贡献。接力社的幼儿课程质量高，有 3 套课程都是国家级科研课题成果。

这些课程在区内和区外两个市场，以及系统和市场两种渠道都有发行，产生了良好的社会效益和经济效益。

其次，我想谈谈自己作为编辑在幼儿课程资源建设中做了哪些工作，以及如何在编辑的过程中不断学习、成长和进步。

一、与编辑工作结缘

原以为我的人生会按照我原本规划的那样，读研考博，毕业后做一名大学老师。可命运自有主张，让我选择了另一条人生道路。我想走向大学之外的世界去试试，或许别有一番天地。2012 年 6 月硕士毕业后，我遇见了人生中的贵人和工作的导师——时任接力社副总编辑郭玉婷，随即开启了我的编辑职业生涯。

选择做幼儿教育读物编辑，我有我的判断和考虑：一是我七年的教育学专业背景与做教育出版是契合的，在编辑工作中可以发挥我的专业优势；二是我喜爱阅读和书法，人文社科基础比较扎实，自认为具备一定的写作能力和较强的语言文字功底；三是有一种文化情怀，觉得编辑是文化人，编辑工作是与文化有关的工作。我经过几年工作后明白，做编辑需要长期的专注和积累，需要淡泊宁静不浮躁，能静下心沉住气，才能精进致远，这些与我的性格都特别合拍，所以我从毕业就干到现在，而且还想争取干一辈子。我觉得这是我正确的志趣追求和人生选择，当义无反顾，坚定执着。

二、幼儿课程资源编辑工作的初步积累

我觉得做编辑，个人自身的语言文字能力是基础，学术专业能力和编辑

专业技能也同等重要。在熟悉编辑工作流程和学习编校基础知识之后，我接到的第一项对我而言具有标志性意义的编辑工作任务，是梳理和修改《萤火虫幼儿视听互动探索资源教师用书》的导言（1.7万字）。这份导言涉及很多学前教育理论，是整套课程资源的理论总纲，具有统领性意义。这对刚毕业的我而言是一个挑战和检验。当时，在课程主编北京师范大学学前教育系主任霍力岩教授和郭玉婷副总编辑的点拨下，我结合自己教育学方面的知识积累，较好地完成了导言的修改，得到了霍教授的肯定。在与霍教授当面交流以及邮件往来讨论导言修改的过程中，对于课程的基本理念、课程模式、内容设计等问题，我都能够与霍教授进行顺畅的对话，还可以较好地理解她的思想观点和设计意图，这使她对我这个初入职场的新编辑产生了好感和信任。正是有了学科知识的支撑，我才有了与专家学者平等对话、深入交流的机会。我努力好学、积极主动的工作态度也得到了领导的认可。此后，郭总就让我接手教师用书的编辑工作，待我有了基本的编辑工作经验之后，又开始安排一些幼儿用书让我编辑加工，令我逐步参与到课程资源的整体建设中。在做这套课程的过程中，我得到了郭总的悉心指导和栽培，一年之后，我成为这套课程的骨干编辑。同时，我和主编霍力岩教授建立了友好的合作关系，也在幼儿课程理论研究方面有了很好的提升。

《萤火虫幼儿视听互动探索资源》运用现代数码信息技术，借助隐形二维码等数字化手段，把纸质出版、电子出版、音像出版和互联网进行技术嫁接整合，是接力社第一套实现一元内容、多元发布的数字化复合出版形态的精品课程资源。在工作伊始就接触和参与在当时具有领先地位、引领潮流的幼儿课程资源建设，可以说是高起点，这在无形之中开拓了我的眼界，提升了我的品位。我还总结了做这套课程的经验，写了一篇《低幼教育读物的复合出版初探》发表在全国少儿读物编辑论文集中。

在工作中，我经常向当时的编辑部主任请教出版专业基础知识和编辑加工的基本方法，向经验丰富的优秀编辑学习，这让我少走了很多弯路。同时，我自己积极主动勤奋学习，2012 年 6 月参加工作，10 月就以两门科目均超过 140 分的成绩通过出版专业初级资格考试。4 个月的时间对出版专业的基础和实务有了比较全面的了解，为从事编辑工作打下了坚实的基础。2014 年 10 月，我通过了出版专业中级资格考试，获得了责任编辑资格。

2012 年到 2014 年，是我编辑工作的起步阶段，这一阶段主要是编辑技能和工作经验的学习和积累。我很幸运，遇见了好的领导，遇见了霍教授这样好的学术专家，遇见了接力社这样好的平台，使我有了一个良好的职业开端。在编辑工作的初步积累阶段，我感受到态度和学习的重要。首先要有积极主动的工作态度，其次要多观察、学习、思考、积累。边学习、边做书、边总结，使我建立了自信，获得了成就感，在编辑工作的初步积累阶段有了较快的进步。

三、全面参与幼儿课程资源的建设

2014 年我来到南宁，到社本部广西出版中心继续做幼儿课程的编辑。当时，胡庆嘉副总编带领幼儿编辑团队研发《接力宝贝·生活渗透式课程资源》，我有幸参与其中，在胡总的直接领导和具体指导下，我于 2015 年底成为这套课程资源的项目负责人，统筹推进整个课程的研发生产，全方位深入参与一套幼儿课程资源的建设。作为项目负责人，我重点参与以下几项工作。

（一）核心教育理念的确定

当时，在我国幼儿教育课程改革的理论与实践领域，主要存在着两种课程模式：一种是注重生活经验的探索与建构的整合课程，被称为主题式课程或活动课程，如我社的《幼儿园适应性发展课程》；另一种是注重知识技能学习与掌握的分科课程，被称为领域式课程或学科课程，如我社的《接力宝贝·小橘子幼儿启蒙读物》。2012 年教育部颁布《3—6 岁儿童学习与发展指南》之后，“让幼儿教育回归生活的本真”“生活即教育”“幼儿课程生活化”等教育理念正在被越来越多的幼教理论研究者、教师和家长所认同和倡导。

在此背景下，我们新研发的课程到底应该称为什么课程，倡导一种什么样的核心教育理念，是关乎课程是否立得起来的关键问题，但最初我们并没有思考和设计得很清楚。作为项目负责人，我又重新回到学前教育理论的学习中，梳理有关生活化课程的理论。一方面，我对 20 世纪 80 年代以来我国学前教育课程改革的进程进行学习和梳理，比较系统地研究了杜威的“教育即生活”思想、陶行知的“生活教育”思想、陈鹤琴的“活教育”思想，这些教育理论对于我们确定课程理念具有重要的启发意义。另一方面，我带领编辑团队广泛深入幼儿园，调研广西幼儿教育的发展水平及课程资源使用情况，从理论和实践两个层面对幼儿课程资源做了较为全面的了解，为编辑研发这套课程打下了基础。

在研究确定课程核心教育理念的时候，专家的引领非常重要。在胡总、郭总的带领下，我们一起拜访了华东师范大学教授、教育部学前教育专家组成员、《3—6 岁儿童学习与发展指南》主要编写专家李季湄教授。我向李教授介绍了研发课程资源的整体设计构想，重点向她请教我们这套课程的核心和灵魂应该是什么。在李教授的点拨和指导下，我认真思考和理解幼儿学习与发展的真正含义：幼儿的学习特点以直接感知为主，幼儿的学习方式以游戏活动为主，幼儿的学习内容包含了幼儿日常生活的方方面面，幼儿的发展是通过活动把各个领域的发展目标渗透其中，让幼儿在潜移默化中积累经验、养成习惯和形成品质。

经过理论研究、实践调研和专家指导，这套课程最重要的问题——核心教育理念，终于清晰起来。最终，我们确定以“一日生活皆教育”为核心教育理念，以生活渗透式为课程实践模式，研发了这套《接力宝贝·生活渗透式课程资源》。

在这个过程中，我有幸结识了李季湄教授，非常认同她提出的“一日生活皆教育”的观点，同时她也很赞赏和肯定我们提出的做生活化课程、游戏化课程的思路，为我们认真做幼儿课程的精神所感动，并同意担任课程的学术顾问。由此，我们在课程建设方面又增加了一位权威专家。之后，经李教授授权，我选取了她的一篇文章，经过修改之后作为课程理论指导用书的序言。成功争取到李教授成为我们课程的学术顾问，对整套课程的顶层设计和内容编制起到了重要作用，有力地提升了这套课程的学术水准。我也担任了这套课程的责任编辑，在团队组建和与作者的沟通合作中发挥了更多作用。

○ 学前教育专家李季湄教授成为接力幼儿课程的学术顾问

（二）内容研发的创新

《接力宝贝·生活渗透式课程资源》不同于以往主题式课程和领域式课程，其鲜明特色就是以“一日生活皆教育”为理念，构建新的生活化课程、游戏化课程的模式。如何实现课程的生活化、游戏化，如何体现生活渗透，如何为幼儿培根铸魂，这些都要求编辑在内容设计研发上必须勇于创新。

1. 如何实现课程生活化、游戏化

所谓生活化的课程内容，就是向生活要内容，即课程的内容来自幼儿的一日生活，是幼儿的生活中常见的，是可以通过实践操作及亲身体验去模仿、感知和探究的，是在“做中学”“玩中学”“生活中学”的。因此，在组稿和审稿过程中，我经常提示作者，或者与作者协商，或者直接参与课程内容的选材和设计，把生活化的内容变成最终出版的幼儿读物。

在实现课程游戏化方面，这套课程进行了一项创新设计，即在幼儿读物中专门设计“游戏乐园”板块，全套课程共设计152个游戏活动，均为实景拍摄，包含手指游戏、桌面游戏、益智游戏、体能游戏、各种综合性体育游戏等幼儿园各类游戏活动，并按照小班、中班、大班不同年龄段幼儿的能力水平分类实施。这些游戏活动寓教于乐，让幼儿在游戏中建立人际关系、学习规则和秩序、学习合作、学习做事、学习共同生活。我全程参与了游戏拍摄、脚本撰写和后期的音视频剪辑处理，很好地拓展和提升了我的综合业务能力。

2. 如何进行生活渗透

生活渗透这种创新的教育形式在这套课程中表现为教育内容、教育环节、教育结果的相互渗透。

首先，教育内容的相互渗透是指同一个教育内容渗透了多个领域和多个发展目标，如幼儿读物中“七彩花园”板块《田鼠阿佛》的故事，它不仅是语言领域的学习，还包括了社会、艺术、美育和情感教育等领域的内容。精

美的绘本设计、憨态可掬的田鼠形象、语言蕴藏的想象空间、故事蕴含的哲理启示等，不仅发展了幼儿的语言能力，也满足了幼儿对美的感知和欣赏、对友情的珍视、对生活的热爱、对情感的需求和满足。

其次，教育环节的相互渗透表现在我们的课程实施贯穿于一日生活的各个环节中。如幼儿读物《秋天来了》这个活动，指导教师在来园环节，可以提醒幼儿在来园的路上观察秋天的树叶，进而观察树木的变化、季节的变化，并捡一些落叶带去幼儿园；在晨间游戏环节，可以请幼儿互相分享自己在路上观察到的现象和景色；在进餐环节，可以鼓励幼儿品尝不同水果的味道，让幼儿用词语表达不同的滋味，还可以引导幼儿触摸水果，感受不同的外形；在睡眠环节，可以请教师讲述秋天树叶的故事；在离园环节，可以利用离园时间带领幼儿边唱儿歌边玩手指游戏等。这样，《秋天来了》这个活动都渗透在一日生活的各个环节之中了。

最后，教育结果的相互渗透表现为通过生活化的教育，培养出“完整”的儿童，培养出身心协调发展的人。我们的教育成果不是以幼儿掌握知识的多少为衡量标准，而是渗透在为幼儿的后续学习和终身发展奠定良好素质基础中，渗透在促进幼儿德智体美劳各方面的协调发展中，渗透在幼儿良好学习品质和行为习惯的养成中，渗透在让幼儿真正地“成人”中。

为实现这些设计意图，我从内容选材、版式设计，以及美术插画的风格、色彩、形象、图画对文字的表现力等方面与主编、文字作者、美术编辑进行反复地沟通交流，以新颖优质的内容设计和文本形式奉献给幼儿读者。

3. 如何做到培根铸魂

如何以幼儿可以理解和操作的形式来表现课程内容，实现幼儿的认知积累、情感体验、文化熏陶，这是我在编辑稿件过程中持续思考的问题。

习近平总书记指出，文化自信是更基本、更深沉、更持久的力量。博大精深、灿烂辉煌的中华优秀传统文化积淀着中华民族最深层的精神追求，包含着中华民族最根本的精神基因，这是我们坚定文化自信的深厚基础，也是对幼儿培根铸魂的根本要求。中华优秀传统文化的传承与弘扬对幼儿的成长至关重要，所以在这套课程资源中，我们大胆地做了与之相关的尝试和设计。

在幼儿读物的“文化接力”板块，活动内容以传播社会文化为主，同时渗透语言、科学、艺术、情感教育，爱国主义教育和社会主义核心价值观教育。这样既体现广西本土文化特色，又注重传承和弘扬中华优秀传统文化，让幼儿用可以感知和理解的方式对身边的文化有所了解和感悟，初步建立自我认同感和对国家、民族的自尊、自信、自豪和认同。起初，作者们都表示这个部分很难设计，担心难度太大，幼儿不能理解，教师不会上课，但经过我的分析和举例讲解之后，他们便豁然开朗。例如，春节、清明节、中秋节、重阳节等传统节日内容可以让幼儿感受敬老爱幼、家庭和睦、团圆和谐等传统美德；中国武术、文房四宝、戏剧脸谱、对联书画等内容都是幼儿在日常生活中可以见到并且能够感知到的，也是有兴趣感知和操作的；富有广西本土文化特色的铜鼓、壮锦、绣球、民族乐器、桂林山水等内容，能让幼儿了解和感受到自己家乡的美好，在幼小的心灵中滋养热爱家乡、热爱祖国的情感。

上述内容设计的创新，展示了编辑在贯彻国家教育方针，以及落实推动社会主义文化繁荣兴盛、弘扬中华优秀传统文化和培育践行社会主义核心价值观上的创意和实践创新。

（三）课程增值服务工作

接力社多年来坚持实行项目负责制，即项目负责人要对某一项目进行出版全流程的统筹管理和运营。作为项目负责人，我在完成课程资源的编辑出版工作后，将更多的精力放在课程资源的增值服务上。只做案头编辑的时代早已过去，出版融合发展时代对编辑提出了更高的要求，新时代的编辑必须要有新作为。

1. 加强数字化课程资源建设

在数字化时代背景下，满足幼儿课程资源形态的多样化要求，突破传统出版形式的局限，走传统出版与新媒体融合发展之路，已成为课程资源建设的必然选择。在传统纸质出版内容研发的同时，我就在思考和规划配套数字化资源的建设问题。我组织和参与了动画脚本的撰写，将纸书中的图文做成动画，连同游戏视频随书赠送；在封底附上二维码，通过扫描可以免费阅读有声电子书；设计以课程资源为主要互动内容的“接力童萌会”微信公众号，经常性发布幼儿教育的图文和音视频资源、培训和教研活动等。这些延伸开发使这套课程成为一套开放性、生成性、资源性的教育素材，形成了具备纸质图书、电子音像、数字动画、教育培训和阅读体验等复合出版形态的幼儿教育资源。

2. 加强课程资源的培训与使用指导

课程资源建设中，编辑出版只是其中的一部分工作，对使用情况的调研和组织课程培训占据了编辑大量的时间和精力，幼儿课程资源尤其如此。自 2015 年以来，我们已经组织课程资源培训超过 60 场次，参加培训的教师超过 15000 人次。每次培训我都负责组织参与，聘请专家，商议培训内容与形式，协调书店和主管部门发布培训通知、组织参会人员，我还作为培训讲师进行了 12 场介绍分享。这些工作，要求编辑不仅要能编书、能演讲、能做宣传推广工作，还要能统筹协调各种人际关系，处理各类琐碎事情。我在培训中切实体会到编辑工作的不易，但也深知这些都是课程资源建设中不可缺少的工作。

○ 接力幼儿课程资源教育培训

○ 接力幼儿课程资源基地建设

○ 接力幼儿课程资源教研活动

3. 加强对课程使用园所及教师的专业指导

为切实提高幼儿园教师对课程资源的研究水平，促进教师的专业发展，加强出版社与幼儿园的联系与合作，结成学习共同体，做有质量的幼儿教育，更好地促进幼儿的学习与发展，我主持制订了生活渗透式课程资源教研基地行动方案。我社在广西选取 20 所有代表性的幼儿园作为生活渗透式课程资源的教研基地园，通过课程培训、教研指导、教学技能比赛、优秀案例征集、自主课题研究、阅读推广支持行动等形式开展实实在在的教研活动，给予基地园和教师以专业的指导，切实提高基地园的办园水平和教师的专业水平。行业专家对这些工作给予了高度评价。

上述幼儿课程资源的增值服务工作，我都亲身参与其中并为之辛勤付出，这是当前时代和用户对出版社以及编辑提出的实际需求，是我们作为出版工作者必须承担的社会责任，同时也是编辑应有的作为和对社会的贡献。

在全面参与幼儿课程资源建设的过程中，我已经逐步具备了一个成熟编辑的职业素养，质量和创新就是我这一阶段编辑工作的关键词。

四、幼儿课程资源的项目管理

除内容研发和增值服务方面需要我投入心力之外，作为项目负责人，我还需要承担很多直接影响项目运营的管理工作。

1. 制订课程建设整体规划，把控进度

课程资源建设是系统性工程，需要每个出版环节协调配合，才能顺利推进。以 2021 年新编《幼儿园适应性发展课程》为例，项目论证之初，我就协调美编部、校审部、出版部、总编室等相关部门做好了全年生产进度表，从组文字稿、交文字稿、编辑确定文字稿，到组美术稿、审草图稿、定彩图稿，然后到三审三校、完成选题和书号申报流程，再到送教育厅审查、落实审查修改意见，最后付印，随时关注每个环节的进度，及时沟通解决出现的问题，从而保证内容质量和生产进度双向衔接，协调推进。

2. 沟通协调工作

在整套课程资源研发过程中，我作为项目负责人，承担了大量的沟通协调工作，这需要付出很多的时间和精力，对我个人的沟通协调能力也提出了很高的要求。

一是协调作者。主编、分册主编、编写作者经常出现意见不一致的情况，我作为责编和项目负责人，就需要综合权衡各方意见，这中间必须要有自己的立场和判断，并且以充分的理由和合适的方式说服他们达成一致。

二是与美术作者沟通。幼儿课程资源以图画为主要表现形式，幼儿都是通过读图来理解内容的，所以美术工作对幼儿课程资源非常重要。我经常和美术作者沟通，提醒他们在画图时注意体现符合幼儿年龄和认知水平的特征，图画要尽量符合幼儿的生活场景，符合生活常识。对于部分没有育儿经验的美术作者，建议他们多去幼儿园实地观察，看看幼儿是怎么开展游戏的，幼儿所处的场景是什么样的，幼儿有什么样的表现，等等。如果美术作者不了解幼儿的学习和生活，就非常容易画错，造成时间和精力的浪费。另一个常规工作就是协调文字和图画的关系。既要尊重和理解文字设计的意图，也要考虑图画表现的实际情况，不能武断地认为以文字为准或以图画为准，这是需要相互理解和配合的，要做到图文和谐，相得益彰。

三是协调编辑部、美编部、校审部、出版部等部门的关系。一套幼儿课程品种众多，耗时很长，还要根据春秋两季开学时间来完成生产，经常会有各环节不能按时完成的情况，此时我就需要出来协调各方，争取团结协作，按时完成任务。

四是协调和维护好教育主管部门、营销发行各方的关系。在营销发行环节，我也需要做大量的外联工作，以此保证营销宣传、课程培训、渠道维护等工作顺利开展。

在项目管理阶段，我觉得编辑工作要注重效率，协调周全。在这个过程中，编辑需要不断地学习、积累、总结，才能提高自身的专业技术能力和运营管理能力。

五、关于幼儿课程资源建设的思考

转眼工作近十年，我从一名编辑新人一路走来，有不少经验和教训，也有一些成长和收获。在幼儿课程资源建设的编辑工作中，我有一些思考和感受。

一是树立政治意识，认识到幼儿课程资源建设的意义。幼儿课程资源建设是一项培根铸魂的工作，关系到国家和民族的未来，是落实立德树人的根本要求。必须要以这样的政治意识来看待我们编辑工作的意义，策划优质选题，认真做好书，才能肩负起点亮孩子的童年，为孩子扣好人生第一粒扣子，为孩子终身发展奠基的使命任务。二是树立精品意识，坚持对课程内容质量的追求。对质量的严格追求是所有优秀编辑的共性特征，我的编辑工作经常被领导提出很多修改意见，甚至打回重做。虽然偶尔难免会有抵触情绪，可静下心来，还是心怀感恩。正是对质量的高标准、严要求，才使我们的课程成为精品，经得起审查，对得起孩子。三是树立服务意识，做好幼儿课程产品的营销宣传、课程培训、教研服务、市场维护工作。四是树立创新意识，积极适应时代发展要求、出版业融合发展趋势和用户的实际需求，不断创新内容、形式、服务和管理，以创新实现接力社幼儿课程品牌的可持续发展。五是树立自我提高意识，始终追求进步，追求卓越。编辑就是一种理想的坚守，一种文化的担当。做书的同时也是在做人，要在持续的学习中不断提高自身的编辑能力和个人修养，做专业、专注、有品质、有品位的出版人。每当看到孩子们手捧我们编辑的书本，在阅读中汲取知识而露出自然喜悦的微笑时，我觉得这是做编辑最实在的幸福、快乐和成就。

未来，我将继续怀着一颗对文化的敬畏之心，坚守一种理想主义的情怀，踏实认真、守正创新地做好编辑工作，做文化的摆渡人，正己化人，努力编辑出版更多为孩子培根铸魂、丰富孩子精神世界、滋养孩子心灵的优质读物，以文化来滋养和培育祖国的未来。

（本文作者时任接力出版社第一编辑部主任，现任副总编辑）

后　记

2020 年，广西出版传媒集团（以下简称“集团”）策划举办了“社长总编辑谈做书”沙龙活动；2021 年，又接着策划举办了“骨干编辑谈做书”沙龙活动。在沙龙活动中开讲的分享嘉宾，既有集团里的优秀出版领军人才，也有在各自出版领域有独到体验的骨干编辑。他们的精彩分享，既有几十年行业经验的传授，又有浸润专业的深入思考，还不乏编辑方法论的启发，内容丰富，形式新颖，受到集团内外的广泛好评和喜爱。

为了让更多关心出版的社会各界人士，特别是出版界同人能一窥“社长总编辑谈做书”“骨干编辑谈做书”沙龙活动的面貌，弥补此前因疫情防控需要及场地所限不能亲临活动现场的遗憾，同时使交流碰撞出的思想火花得到更深层次的提炼和升华，也为固化和展示沙龙活动成果，给沙龙分享者们今后的回忆提供珍贵的资料，我们组织人员将嘉宾分享内容精心编辑整理，结集出版。成文的讲稿均由分享人员根据沙龙活动现场录音自行整理，力求保留最原汁原味的演讲实录（出版时文中部分内容有所更新）。

连续两年的“谈做书”沙龙活动能成功举办，历时一年的书稿整理和出版工作，想要感谢的单位、部门和个人太多。

感谢集团党委书记、董事长覃超同志的高度重视和悉心指导，感谢集团各位领导的大力支持，感谢集团旗下广西人民出版社、漓江出版社、广西教育出版社、广西科学技术出版社、广西美术出版社、接力出版社、广西金海湾电子音像出版社、广西《海外星云》杂志社的紧密配合和大力支持，感谢集团人力资源部和阅读推广部的团结协作与默契配合，也感谢集团出版管理部的精心组织和统筹安排。

当然，这两本书能够顺利出版，离不开广西教育出版社的鼎力支持，离不开编校团队的认真编校，更离不开中国出版集团原总裁、韬奋基金会理事长聂震宁先生作序推荐，在此一并表示诚挚的谢意。

希望这两本小书对出版人特别是年轻编辑有所启迪、帮助。

编　者

2022 年 10 月于南宁